中国古代名字与别号

王 俊 编著

中国商业出版社

图书在版编目（CIP）数据

中国古代名字与别号 / 王俊编著. -- 北京：中国商业出版社，2017.7

ISBN 978-7-5044-9895-3

Ⅰ.①中… Ⅱ.①王… Ⅲ.①姓氏-文化-中国-古代 Ⅳ.①K810.2

中国版本图书馆 CIP 数据核字 (2017) 第 127353 号

责任编辑：常 松

中国商业出版社出版发行
010-63180647　www.c-cbook.com
（100053 北京广安门内报国寺 1 号）
新华书店经销
三河市同力彩印有限公司
*
710×1000 毫米　16 开　15 印张　245 千字
2017 年 9 月第 1 版　2017 年 9 月第 1 次印刷
定价：45.00 元
* * * *
（如有印装质量问题可更换）

《中国传统民俗文化》编委

主　编　　傅璇琮　　著名学者，原国务院古籍整理出版规划小组秘书长，清华大学古典文献研究中心主任教授，原中华书局总编辑

顾　问　　蔡尚思　　著名历史学家，中国思想史研究专家

　　　　　　卢燕新　　南开大学文学院副教授

　　　　　　王永波　　四川省社会科学院文学研究所副研究员

　　　　　　叶　舟　　中国思维科学研究院院长，清华大学、北京大学特聘教授

　　　　　　于春芳　　北京第二外国语学院教授

　　　　　　杨玲玲　　西班牙文化大学文化与教育学博士

编　委　　陈鑫海　　首都师范大学中文系博士

　　　　　　李　敏　　北京语言大学古汉语古代文学博士

　　　　　　赵　芳　　出版社高级编辑，曾编辑出版过多部文化类图书

　　　　　　韩　霞　　山东教育基金会理事，作家

　　　　　　陈　娇　　山东大学哲学系讲师

　　　　　　吴军辉　　河北大学历史系讲师

　　　　　　石雨祺　　出版社高级编辑，曾编辑出版过多部历史类图书

　　　　　　王　欣　　全国特级教师

策划及副主编　王　俊

序 言

中国是举世闻名的文明古国，在漫长的历史发展过程中，勤劳智慧的中国人，创造了丰富多彩、绚丽多姿的文化，可以说人创造了文化，文化创造了人，这些经过锤炼和沉淀的古代传统文化，凝聚着华夏各族人民的性格、精神、智慧，是中华民族相互认同的标志和纽带。在人类文化的百花园中摇曳生姿，展现着自己独特的风采，对人类文化的多样性发展作出了巨大贡献。中国传统民俗文化内容广博，风格独特，深深地吸引着世界人民的眼光。

正因如此，我们必须深入学习贯彻十八届三中全会精神，按照中央的规定，加强文化建设。2006年5月，时任浙江省委书记的习近平同志就已提出："文化通过传承为社会进步发挥基础作用，文化会促进或制约经济乃至整个社会的发展。"又说："文化的力量最终可以转化为物质的力量，文化的软实力最终可以转化为经济的硬实力。"（《浙江文化研究工程成果文库总序》）今年他去山东考察时，又再次强调：中华民族伟大复兴，需要以中华文化发展繁荣为条件。

学习习近平同志的重要讲话，确可体会到，在政治、经济、军事、社会和自然要素之中，文化是协调各个要素协同发展、相关耦合的关健。正因为此，我们应该对华夏民族文化进行广阔、全面的检视。我们应该唤醒我们民族的集体记忆，复兴我们民族的伟大精神，发展和繁荣中华民族的优秀文化，为我们民族在强国之路上阔步前行创设先决条件。

实现民族文化的复兴，更必须传承中华文化的优秀传统。现代中国人，特别是年轻人，对传统文化十分感兴趣，蕴含感情。但当下也有人对具体典籍、历史事实不甚了解，比如说，中国是书法大国，谈起书法，有些人或许只知道些书法大家如王羲之、柳公权等等的名字，知道《兰亭集序》是千古书法珍品，仅此而已。再比如说，我们都知道中国是闻名于世的瓷器大国，中国的瓷器令西方人叹为观止，中国也因此而获得了"瓷器之国"（英语china的另一义即为瓷器）的美誉。然而关于瓷器的由来、形制的演变、纹饰的演化、烧制等等瓷器文化的内涵，就知之甚少了。中国还是武术大国，然而国人的武术知识，或许更多地来源于一部部精彩的武侠影视作品，对于真正的武术文化，我们也难以窥其堂奥了。我们还是崇尚玉文化的国度，我们的祖先，发现了这种"温润而有光泽的美石"，并赋予了这种冰冷的自然物以鲜活的生命力和文化性格，例如"君子当温润如玉"，女子应"冰清玉洁"、"守身如玉"；"玉有五德"，即"仁"、"义"、"智"、"勇"、"洁"，等等。今天，熟悉这些玉文化的内涵的国人，也为数不多了。

也许正有鉴于此，有忧于此，近年来，已有不少有志之士，开始了复兴中国传统文化的努力，读经热开始风靡海峡两岸，不少孩童乃至成人，开始重拾经典，在故纸旧书中品味古人的智慧，发现古文化历久弥新的魅力。电视讲坛里一波又一波对古文化的讲述，也吸引着数以万计的人们，重新审视古文化的价值。现在放在读者眼前的这套"中国传统民俗文化丛书"，也是这一努力的又一体现。我们现在确应注重研究成果的学术价值和应用价值，充分发挥其认识世界、传承文化、创新理论、咨政育人的重要作用。

中国的传统文化内容博大，体系庞杂，该如何下手，如何呈现？这套丛书处理得可谓系统性强，别具心思。编者分别按物质文化、制度文化、精神文化等方面来分门别类地进行组织编写，例如在物质文化的层面，就有中国古代纺织、中国古代酒具、中国古代农具、中国古代青铜器、中国古代钱币、中国古代石刻、中国古代木雕、中国古代建筑、中国古代砖瓦、中国古代玉器、中国古代陶器、中国古代漆器、中国古代桥梁等等。

在精神文化的层面，就有中国古代书法、中国古代绘画、中国古代音乐、中国古代艺术、中国古代篆刻、中国古代家训、中国古代戏曲、中国古代版画等等；在制度文化的层面，就有中国古代科举、中国古代官制、中国古代教育、中国古代军队、中国古代法律等等。

此外，在历史的发展长河中，中国各行各业还涌现出一大批杰出的人物，至今闪耀着夺目的光辉，启迪后人，示范来者，对此，这套丛书也给予了应有的重视，中国古代名将、中国古代名相、中国古代名帝、中国古代文人、中国古代高僧等等，就是这方面的体现。

生活在21世纪的我们，或许对古人的生活颇感好奇，他们的吃穿住用如何？他们如何过节？如何安排婚丧嫁娶？如何交通？孩子如何玩耍？等等。这些饶有兴趣的内容，这套中国传统民俗文化丛书，都有所涉猎，例如中国古代婚姻、中国古代丧葬、中国古代节日、中国古代风俗、中国古代礼仪、中国古代饮食、中国古代交通、中国古代家具、中国古代玩具、中国古代鞋帽等等，这些书籍介绍的，都是人们深感兴趣，平时却无从知晓的内容。

在经济生活的层面，这套丛书安排了中国古代农业、中国古代纺织、中国古代经济、中国古代贸易、中国古代水利、中国古代车马、中国古代赋税等等内容，足以勾勒出古人经济生活的主要内容，让今人得以窥见自己祖先曾经的经济生活情状。

在物质遗存方面，这套丛书则选择了中国古镇、中国古楼、中国古寺、中国古陵墓、中国古塔、中国古战场、中国古村落、中国古街、中国古代宫殿、中国古代城墙、中国古关等内容。相信读罢这些书，喜欢中国古代物质遗存的读者，已经能大致掌握这一领域的大多数知识了。

除了上述内容外，其实还有很多难以归类却饶有兴趣的内容，例如中国古代的乞丐这样的社会史内容，也许有助于我们深入了解这些古代社会底层民众的真实生活情状，走出武侠小说家们加诸他们身上的虚幻不实的丐帮色彩，还原他们的本来面目，加深我们对历史真实的了解。继承和发扬中华民族几千年创造的优秀文化和民族精神是我们责无旁贷的历史责任。

不难看出，单就内容所涵盖的范围广度来说，有物质遗产，有非物质遗产，还有国粹。这套丛书无疑当得起"中国传统文化的百科全书"的美誉了。这套书还邀约了大批相关的专家、教授参与并指导了稿件的编写工作。

应当指出的是，这套书在写作中，既钩稽、爬梳大量古代文化文献典籍，又参照近人与今人的研究成果，将宏观把握与微观考察相结合。在论述、阐释中，既注意重点突出，又着重于论证层次清晰，从多角度、多层面对文化现象与发展加以考察。这套丛书的出版，有助于我们走进古人的世界，了解他们的美好生活，去回望我们来时的路。学史使人明智。历史的回眸，有助于我们汲取古人的智慧，借历史的明灯，照亮未来的路，为我们中华民族的伟大崛起添砖加瓦。

是为序。

傅璇琮

2014年2月8日

前 言

名字是什么呢？倘若有人向你提出这个问题，你可能会觉得可笑无聊，你一定会这样说：既代表自己，又用于区别他人的一个符号，由一个或两个字，跟姓的合称，就叫名字。这用来解说现代人的名字，大体合适，倘若解释古人的名字，那就欠妥当了。在中国古代，对一个人的称呼，除了名字外，还有号。号也称为别号，别号与名、字没有必然的关联。别号有很多种类，情况较复杂大致可以分为自号、法号、道号、室号、绰号、谥号、称地望、称官爵、称行第等几类情况。别号的实用性很强，除了供外人称呼外，还能用作书籍、文章、字画的署名。

关于别号出现的具体时间，尚且没有明确的记载，只能猜测于春秋战国时期便已出现，因为那时候已经出现了类似的称号，如鬼谷子的称号，可以视为最早的别号。东晋时期，有自号五柳先生的陶渊明；唐朝时期，起别号似乎成了一种潮流；元明清时期更是将别号之风推向高潮，不仅人人可以有别号，而且还不止一个，如明朝画家陈洪绶便有老迟、老莲、悔迟、云门僧四个别号。

我国古代名字、别号的出现反映了一定历史时期的文化现象和时代特征。姓氏是最早出现的，名字晚于姓氏。从逻辑上讲，名字是姓氏的进一步分化，因为姓氏是自然与人类，彼族与此群的划分，而名字则是在此划分基础上的第二次划分，是区别个体与个体的标志符号。姓和氏开始是部落的名称，是一种公名，而个人的称号则是一种私名，这种私名的产生与自我意识的萌生有关。

在古代，名字、别号的用法是很有讲究的。名字一般用于自称，或上对下，长对少的称呼；当上对下，或尊称对方时，则称别号，平辈之间，只在很熟悉的情况下才互相称名字。

纵观我国的历史，在不同时代有不同的名字特征和别号文化，中国人的名字，其门类繁多，五彩缤纷。这名、字、号、绰号和笔名，尤其是名和字，是十分复杂的。

本书主要通过对中国古代支离破碎的名字史料的组合拼接、归类整理，以期在一定程度上复原我国的名字文化和别号习俗，深入探讨名字与社会历史、民族传统、文化心理之间的复杂关系，为读者挖掘名字产生的文化背景和别号之中所蕴藏着的文化内涵。

让我们跟随本书，追随中国古代名字文化历史发展历程，去了解我国的姓氏文化和字号习俗吧！

目 录

第一章　古人姓名的由来

第一节　姓氏的由来 …………………………………… 002
姓名的含义 ……………………………………………… 002
姓的出现 ………………………………………………… 003
姓的作用 ………………………………………………… 005
氏的出现 ………………………………………………… 013

第二节　名字的由来 …………………………………… 015
名的出现 ………………………………………………… 015
字的出现 ………………………………………………… 017
字的基本格式 …………………………………………… 018

第二章　古人的姓名文化

第一节　姓及其分类 …………………………………… 022
同姓　异姓　庶姓 ……………………………………… 022

单姓　复姓 ………………………………………… 022
　　郡姓 ……………………………………………………… 023
　　改姓 ……………………………………………………… 026
　　冒姓 ……………………………………………………… 028

第二节　氏及其分类 ……………………………………… 030
　　命氏的分类 ……………………………………………… 030
　　郑氏分类例说 …………………………………………… 032

第三节　名及其分类 ……………………………………… 035
　　小名　大名 ……………………………………………… 036
　　单名　双名 ……………………………………………… 037

第三章　古人起名学问与名字组合

第一节　起名基本知识 …………………………………… 042
　　古代如何起名 …………………………………………… 042
　　现代如何起名 …………………………………………… 046

第二节　名和字的组合方式 ……………………………… 048
　　同义组合 ………………………………………………… 048
　　反义组合 ………………………………………………… 049
　　连类组合 ………………………………………………… 049
　　因性指实组合 …………………………………………… 051
　　景仰前贤组合 …………………………………………… 052
　　离析名字组合 …………………………………………… 054
　　概括经义组合 …………………………………………… 055

第四章 古人的字号文化

第一节 字及其分类 …… 060
字的基本含义 …… 060
字和名的联系 …… 062

第二节 号及其分类 …… 068
号的基本含义 …… 068
号的六大类别 …… 068

第五章 古代姓名字号趣话

第一节 姓氏趣话 …… 082
最古怪的姓氏轶闻 …… 082
趣味悠长的奇僻姓氏 …… 086
由黄帝派生出来的姓氏 …… 089
一些姓氏的奇闻轶事 …… 092
有趣的姓氏组合 …… 095
中国现存的复姓 …… 098

第二节 古代名人姓名字号由来 …… 100
孔子名字的由来 …… 100
李白名字的由来 …… 101
苏轼名字的由来 …… 102
唐寅名字的由来 …… 102
"五柳先生"的由来 …… 103

"青莲居士"的由来 ……………………………… 104
"香山居士"的由来 ……………………………… 104
"东坡居士"的由来 ……………………………… 105
"六一居士"的由来 ……………………………… 106
"淮海居士"的由来 ……………………………… 107
"易安居士"的由来 ……………………………… 107
"柳泉居士"的由来 ……………………………… 108

第六章 我国历代名人姓名意义解读

第一节 三代著名人物姓名解读 ……………………………… 112

姬昌 ……………………………… 112
姬发 ……………………………… 112
姜尚 ……………………………… 113
周公 ……………………………… 114
老子 ……………………………… 115
孙武 ……………………………… 116
勾践 ……………………………… 116
范蠡 ……………………………… 117
文种 ……………………………… 117
管仲 ……………………………… 118
蔺相如 ……………………………… 118
吕不韦 ……………………………… 119
乐毅 ……………………………… 120
商鞅 ……………………………… 120
西施 ……………………………… 121

第二节　秦汉魏晋著名人物姓名解读……123

赢政 …… 123
胡亥 …… 124
赵高 …… 124
蒙恬 …… 124
项羽 …… 125
李斯 …… 126
范增 …… 127
刘邦 …… 127
张良 …… 128
萧何 …… 128
韩信 …… 129
陈平 …… 130
刘恒 …… 131
刘启 …… 131
晁错 …… 132
刘彻 …… 132
卫青 …… 133
霍去病 …… 133
李广 …… 134
司马相如 …… 134
卓文君 …… 135
东方朔 …… 136
吕雉 …… 136
张骞 …… 137
司马迁 …… 137

董仲舒	138
主父偃	139
苏武	139
霍光	140
王昭君	140
刘秀	141
王莽	141
张仲景	142
班固	142
华佗	143
曹操	144
袁绍	144
曹丕	145
司马懿	145
司马昭	146
周瑜	147
刘备	147
诸葛亮	148
关羽	148
张飞	149
赵云	150
马超	150
刘禅	150
庞统	151
司马炎	152
王羲之	152
陶渊明	153

第三节 隋唐著名人物姓名解读 ········ 154

宇文化及 ········ 154
李渊 ········ 154
李世民 ········ 155
长孙无忌 ········ 156
房玄龄 ········ 157
杜如晦 ········ 157
李靖 ········ 157
李治 ········ 158
李隆基 ········ 158
杨玉环 ········ 159
郭子仪 ········ 160
朱温 ········ 160
阎立本 ········ 161
李白 ········ 161
杜甫 ········ 162
张九龄 ········ 162

第四节 宋元著名人物姓名解读 ········ 163

赵光义 ········ 163
杨业 ········ 164
赵佶 ········ 164
赵恒 ········ 165
岳飞 ········ 165
韩世忠 ········ 166
文天祥 ········ 166
沈括 ········ 167

范仲淹	167
王安石	167
李清照	168
陆游	169
辛弃疾	169
铁木真	170
孛儿只斤·忽必烈	170
张士诚	170
陈友谅	171

第五节　明清著名人物姓名解读 …………………… 172

朱元璋	172
徐达	172
常遇春	173
李善长	173
胡大海	174
胡惟庸	174
蓝玉	175
朱允炆	175
朱棣	176
魏忠贤	176
朱翊钧	176
张居正	177
明熹宗	177
朱由检	178
袁崇焕	178
宋濂	179

徐霞客	179
李时珍	180
施耐庵	181
罗贯中	181
万户	181
海瑞	182
王阳明	183
董其昌	183
郑成功	184
郑和	185
玄烨	185
噶尔丹	186
吴三桂	186
年羹尧	187
弘历	188
和珅	188
纪昀	189
颙琰	189
奕䜣	190
曾国藩	190
左宗棠	191
李鸿章	191
爱新觉罗·载淳	192
爱新觉罗·载湉	192
爱新觉罗·溥仪	193
郑板桥	193
张廷玉	194

顾炎武 ·· 194
蒲松龄 ·· 195
曹雪芹 ·· 195
魏源 ·· 196
林则徐 ·· 197

附　录 ·· 199

姓氏分布 ·· 203

参考文献 ·· 217

第一章
古人姓名的由来

在世界文明史上，姓名的产生不仅表明人类从自然状态中分离出来了，而且还透露出个体从群体中区分了出来，个体之间也有了表示差异的符号。这种观念上的进步，在人类历史上有着极其重要的意义，它是人类文明进化的一个里程碑。让我们一起了解姓名的内涵，追溯姓名的产生发展演变历程。

第一节　姓氏的由来

■ 姓名的含义

从学理上讲，姓是一个血缘氏族的徽章，是一个家族的统一番号，是人类的文明之根；而名则是社会成员互相区别的标志，是人的个体意识萌芽的表现。从文明发展的一般过程来说，氏族的称号（公名）产生在个人的标志（私名）之前，而个人的标志（私名），则是在氏族的称号（公名）出现之后的进一步划分。

中国古代的学者，对姓名的含义和本质作过许多的论述。如《左传·隐公八年》中说："天子建德，因生以赐姓。"东汉著名的历史学家班固在《白虎通·姓名》中说："人所以有姓者何？所以崇恩爱，厚亲亲，远禽兽，别婚姻也。故纪世别类，使生相爱，死相哀，同姓不得相娶者，皆为重人伦也。"从伦理道德的角度对姓的本质进行了论述。《通鉴外纪》注中说："姓者，

▲ 班固像

统其祖考之所自出；氏者，别其子孙之所自分。"说明"姓"是比"氏"更大的概念，是整个大的血缘集团的标记和徽章。

关于命名，《白虎通·姓名》中说："人必有名，何？所以吐情，自纪，尊事人者也……名者，幼小卑贱之称"，东汉著名思想家王符在《潜夫论·卜列》中说："名字者，盖所以别众猥而显此人尔"，东汉伟大的文字学家许慎在《说文解字》中则说："名，自命也。从口，从夕。夕者，冥也，冥不相见，故以口自名"。他们都指出"名"是个人"自纪""自命"的方式。至于班固把名解释为"幼小卑贱之称"，是专指小名或乳名而言，许慎所说的"冥不相见，故以口自名"，可能是古人对人的灵魂和肉体的一种神秘看法，即认为天黑之后人的灵魂如离开肉体可能要遭遇到什么不测，所以人们要"以口自名"，呼喊自己的名字，来招呼灵魂附体归居。

■ 姓的出现

说到姓名，首先我们要谈到姓氏。众所周知，现在人们常说的姓氏，是作为一个统一的概念，姓与氏是一回事。但是在上古时期，姓和氏的意义并不相同，它们是两个概念，我们先来看看姓的出现。

姓的产生与图腾崇拜有关，图腾一词，本是美洲印第安人的土语，意思是"他的亲族"。在上古时代，人们认为每个氏族部落都与某种生物有着亲缘关系，或跟某类无生命的物体有着特殊的联系。初民把这类生物或物体看作是整个氏族部落的祖先、象征物和庇护者，这就是所谓的"图腾"。"图腾崇拜的特点就是相信人们的某一血缘联合体和动物的某一种类之间存在着血缘关系。"（《普列汉诺夫哲学著作选集》第3卷第383页）在氏族部落内部，图腾的动植物是被看作有灵的，因此要严加保护，禁止猎杀和食用，并要受到崇拜和赞颂。凡是违反图腾禁忌者，将要被氏族全体成员处以极刑。据著名人类学家摩尔根考察，北美的易洛魁人的氏族都是以动物命名的，如塞内卡部落的狼氏、熊氏、龟氏、海狸氏、鹿氏、鹬氏、苍鹭氏、鹰氏，卡尤加部落的狼氏、熊氏、龟氏、海狸氏、鹿氏、鹬氏、鳗氏、鹰氏等等。每一个氏族都有一种图腾，这个图腾就发展为后来的姓。

《左传·僖公二十三年》中说："男女同姓，其生不蕃。"蕃，就是繁殖，意思是说同姓结婚子孙将不会兴旺昌盛。《左传·昭公元年》中又说："内官不及同姓，其生不殖。养先尽矣，则相生疾，君子是以恶之。故志曰：'买妾不知其姓，则卜之。'违此二者，古之所慎也。男女辨姓，礼之大司也。"这段话是郑国的子产对晋侯讲的。晋侯有病，郑伯派子产出使晋国聘问，子产便对晋侯说："我听说国君娶姬妾不能娶同姓之女，否则就会子孙不旺盛。你娶了4个同姓之女作姬妾，并专宠一人，所以要生病，君子是很忌讳这种事的。典籍上讲，购买一个侍妾，如果不知道她姓什么，就必须找卜师去占卜，根据卜象定其姓。古人对此是非常慎重的。"另外，在《国语》《礼记·坊记》中也都有类似的记载。可见，古人对同姓不婚确实是非常重视的。需要一提的是，杨伯峻先生在《春秋左传注》中解释这段时说："同姓不婚自西周始"，但根据现代人类学研究的新成果来推断，这个礼俗的产生可能还要更早，远不止西周时期。

从婚姻史来看，所谓"同姓不婚"，实际上是族外婚的一种更具体的规定。而族外婚的出现，大约是在人类的蒙昧阶段和野蛮阶段，即氏族公社的后期。所以，"同姓不婚"恐怕在殷商时期就产生了。当然，因史料缺乏，我们不能对此进行更深入的讨论。这种同姓不婚的规定，不仅保证了氏族内部人种的健康优良，而且促进了氏族之间的结盟。《国语·晋语》中对此规定解释说："异姓则异德，异德则异类；异类虽近，男女相及，以生民也。同姓则同德，同德则同心，同心则同志，同志虽远，男女不相及，畏黩故也。"美国的哈维兰教授在他的《当代人类学》一书中更明确地指出："世系群外婚制的一个优点就是该群体中潜在的性竞争受到控制，因而促进了该群体的团结。世系群外婚制还意味着每件婚事都不止是两个人之间的安排；它还等于是世系群之间的新联盟，这就有助于把它们保持作为较大社会系统的组成部分。最后，世系群外婚制维护了一个社会中开放性的交流，这促进了知识从一个世系群向另一个世系群的传播。"

因此，"姓"实际上比父权制的家庭出现得还要早。"姓"字本身即由"女"和"生"两个字构成，它的原意就表示世代相传的血统关系，由女性方面决定。从姬、姚、姒、妫、媿、姞、坛、婤、薅、姜、娄、嬴等古老的姓中，我们仍然能看到母系氏族社会所留下的明显印迹。

■ 姓的作用

前面已经谈过，姓是一个血缘氏族的统一番号，是人类的文明之根。姓产生于母系氏族社会中，是由一个共同的老祖母繁衍遗传下来的。人为什么要有姓呢？姓的作用又是什么呢？关于这个"本原"问题，班固在《白虎通·姓名》中曾解释道：

"人所以有姓者何？所以崇恩爱，厚亲亲，远禽兽，别婚姻也。故纪世别类，使生相爱，死相哀，同姓不得相娶者，皆为重人伦也。"

班固的这段话主要是从儒家伦理道德的角度来解释姓的作用，但基本上是正确的，我们可以把姓的作用归纳为以下3点：

第一，明血缘。早期的姓是整个氏族的称号，是为了"纪世别类"，向别人昭示他们的族类，以便互相区别。这一特点主要说明了社群组织中氏族与氏族间的区别，"部落是对外隔离开来的集团，每一部落在一定范围的一块土地上游动，本部落和邻接的部落都非常清楚地知道各自土地的边界。边界的不可侵犯性极端严格地被遵守着。"（柯斯文《原始文化史纲》）如果说边界是原始部落地域性区别标志的话，那么姓则是原始氏族的血缘性区别符号，是自然的人在文化上留下的烙印。当然，从文化史的角度来看，应该首先存在不同地域、不同族类的血缘集团这个事实，然后才会出现观念上的标志——姓。但是，观念上的标志一旦产生后，就会反过来使人们更加自觉地、更加有意识地趋同避异，为集团内部的同力协作、互相配合找到了极富有号召性的借口，为集团一致对外、抗敌御侮找到了强有力的武器。姓本来是氏族图腾的产物，但在实物图腾消失后，它又变成了人类新的精神图腾。在漫长的历史时期中，姓以其独特的凝聚力、组合力，把天涯海角、四面八方、涣散而松弛的有共同血缘密码的个体统摄在一块，吸引在一块。特别在宗法制思想盛行的古代中国，姓是诸种社会关系之外的另一个疏而不漏的网络组织，虽然这是一个隐形的网，但它的支线末梢却无所不到。"一损俱损，一荣俱荣"，这种封建制度的不成文法，在姓上体现得尤为充分。研究中国古代的社会组织，如果能从姓氏入手，就将会获得一个新的视角,把握住了复杂的网络上的"纲"。

第二，别婚姻。在氏族社会中，同姓不婚，实质上就是禁止氏族内部的人互相通婚，这是世系群外婚制的一种更具体明确的规定。恩格斯曾指出：

"氏族的任何成员都不得在氏族内部通婚。这是氏族的根本规则，维系氏族的纽带，这是极其肯定的血缘亲属关系的否定表现，赖有这种血缘亲属关系，它所联合起来的个人才成为一个氏族。摩尔根由于发现了这个简单的事实，就第一次阐明了氏族的本质。"（《马克思恩格斯选集》第4卷第82页）

恩格斯高度肯定了氏族内部不得通婚的作用，可见作为氏族称号的姓在远古社会中具有何等重大的意义。它一方面从肯定的角度说明，这种称号是维系血缘亲属和世系的重要纽带和网络组织，另一方面，它又从否定的角度规定，血亲氏族内部禁止通婚和发生性关系。后者的意义尤为深远。它进一步使人类超越蒙昧野蛮的原始状态，走向文明的新纪元，班固所说的"远禽兽"，也就是这个意思。更重要的是，上古时期流传下来的史料极少，我们对氏族社会，特别是氏族社会的婚姻制度的了解和研究，就主要靠一些姓氏学的资料，如《左传》中所记载的"男女同姓，其生不蕃"等等。可以这样说，姓是婚姻成立的否定条件，它从优生学的角度对婚姻做了苛刻而文明的规定。对古代姓氏的研究，必将能深化人们对上古婚姻制度的认识。

同姓不婚的规定在汉以后并没有因姓氏制度的混乱而被破坏，它不仅是一种风俗习惯，而且具有了法律的权威性。如《唐律·户婚律》卷四说：

"诸同姓为婚者，各徒二年。缌麻以上，以奸论。若外姻有服属，而尊卑共为婚姻及娶同母异父姊妹，若妻前夫之女者，亦各以奸论。其父母之姑、舅、两姨姊妹及姨，若堂姨、母之姑，堂姑己之堂姨，及再从姨堂外甥女、女婿、姊妹，并不得为婚，违者各杖一百并离之。"

"缌麻"本来是指居丧期间所穿丧服的一种。古代将丧服分为5个等级，叫做五服。五服的名称是斩衰、齐衰、大功、小功、缌麻。缌麻是指五服中最轻的一种,也是五服中关系最疏远的。男子为族曾祖父,族曾祖母,族祖父,族祖母,族父,族母,族兄弟,为外孙(女之子),外甥,婿,妻之父母,舅父。所以人们一般将五服之内,看作是血亲,不能同婚。《明律》中也规定:"凡同姓为婚者,杖六十,离异。"

但越到后来,姓的血缘区别功能就越小了。所以法律上对这类案件也"于曲顺人情之中仍不失维持礼法之意",酌情处理。清代已对同姓不婚做了一些修正,认为:"同姓重在同宗,如非同宗,当原情定罪,不必拘文。"

我们现代的《婚姻法》则彻底废除了同姓不婚的规定,允许同姓结婚。这是因为现在的姓与上古时代的姓已经大不相同了。现在同姓的人有的存在血缘关系,有的虽有血缘关系,但已非常遥远了,有的根本就不存在什么血缘关系,只不过是姓氏发展过程中同字异源、简化合并的结果。而对血缘关系很近的男女,即人们常说的血亲,仍然规定不能通婚,这主要是指,直系血亲、八亲等内直系血亲、直系姻亲,五亲等内旁系姻亲辈分不同者。

第三,崇恩爱,厚亲亲。人既然远离了蒙昧野蛮的原始状态,知道了自己所由生、所由养,就会对与自己有血缘关系的人产生崇敬爱戴之情,感情的强弱深浅与血缘的亲疏厚薄有着正比例关系。班固的这个看法,不仅是对上古社会道德水准的一个简单概括,而且从伦理学角度对姓做了一个极富有东方色彩的、温情脉脉的规定。作为中华民族传统美德的"崇恩厚亲",首先有着姓氏学上的深刻根据。

鲁迅先生当年在《自题小像》一诗中说:"我以我血荐轩辕。"现在的中国人经常自称是"炎黄子孙",从姓氏学的角度来看,这话是什么意思呢?

原来黄帝是传说中的姬姓部落的始祖,号轩辕氏、有熊氏,生活在姬水附近,与炎帝同出少典氏。后分路东进,在坂泉(今河北涿鹿东南)一战,打败了炎帝,又在涿鹿(今河北涿鹿南)之野击败九黎族,擒杀蚩尤,被推为部落联盟的领袖。据说黄帝有4个嫔妃,元妃是西陵氏女,名嫘祖,生昌意。次妃,方雷氏女,叫女节,生青阳。次妃,彤鱼氏女,生夷鼓。次妃,名嫫母。这4个妃子共生子25人,别为12姓。这12姓分别是:姬、酉、祁(一作

"祈")、己、滕、箴(一作"葴")、任、荀、僖、姞(一作"佶",另一作"结")、儇、依。他们子孙相承,胄衍祀绵,并散布在各地,虽历经无数劫难,而龙脉永传,香火不断。《路史·疏仡纪·黄帝》之中还详细列举了黄帝子嗣苗裔分宗立氏的情况:

"(黄帝)子二十五,别姓者十二,祈、酉、滕、箴、任、荀、僖、结、儇、依,及二纪也,余循姬姓。元妃西陵氏,曰嫘祖,生昌意、玄嚣、龙苗。昌意就德,逊居若水,有子三人,长曰乾荒,次安,季悃。乾荒生帝颛顼,是为高阳氏。安处西土,后曰安息,汉来复者为安氏延李氏。悃迁北土,后为党项之辟,为拓跋氏。至郁律二子,长沙莫雄,次什翼犍,初王于代,七子。其七窟咄生魏帝道武,始都洛为元氏。十五世百六十有一年,周齐灭之。有党氏、奚氏、达奚氏、乞伏氏、纥

▲ 古代战争砖雕

骨氏、什氏、乾氏、乌氏、源氏、贺拔氏、拔拔氏、万俟氏、乙旃氏、秃发氏、周氏、长孙氏、车非氏、兀氏、郭氏、俟亥氏、车焜氏、普氏、李氏，八氏十姓，俱其出也。拓跋思敬镇夏，以讨巢功，赐李姓。有拓跋仁福者，为番部都指挥使，亦从其姓，将吏迎为州师。子彝超、彝兴，继有夏、银、绥、宥地。玄嚣姬姓，降居泜水，生帝喾，是为高辛氏。龙苗生吾融，为吾氏。吾融生卞明，封于卞，为卞氏。卞明弃其守降之。南裔生白犬，是为蛮人之祖。帝之南游，西陵氏殒于道，式祀于行，以其始蚕，故又祀先蚕。次妃方雷氏曰节，生休及清。休继黄帝者也，是为帝鸿氏。清次封。清为纪姓，是生小吴。次妃肜鱼氏，生挥及夷彭。挥次十五王造弧矢，及司率罟，受封于张，为弓氏、张氏、李氏、灌氏、叱罗氏、东方氏。夷彭；纪姓，其子始封于采，是为左人，有采氏、左人氏、夷彭氏。次妃嫫母，貌恶德克，帝纳之曰：'属女德而弗忘，与女正而弗襄，虽恶何伤！'是生苍林、禺阳。禺阳最少，受封于任，为任姓。谢、章、舒、洛、昌、契、终、泉、卑、禺，皆任分也，后各以国令氏。禺号生禺京、徭梁、儋人。京居北海，号处南海，是为海司，有禺强氏、强氏。儋人，任姓，生牛黎。徭梁生番禺，番禺是始为舟。（番禺）生奚仲，奚仲生吉光，是主为车，建侯于薛。又十二世仲虺，为汤左相，始分任。祖巳七世成迁为挚，有女归周，是诞文王。逮武为世，复薛侯，后灭于楚，为薛氏、蘖氏、且氏、祖氏、奚氏、稽氏、仲氏、挚氏、执氏、畴氏、丕氏、邳氏、姬氏、李氏、徐氏。终古，夏太史乘乱归商，为佟氏、谢氏。谢之后又有射氏、大野氏。苍林，姬姓，生始均，是居北狄为始氏。结姓伯鷫，封于南燕，后有吉氏、姞氏、孔氏。密须、阚、允、蔡、光敦、倡、燕、鲁、雍、断、密、虽，皆结分也。箴、济及滑，箴姓分也，后合以国令氏。有虞氏作，封帝之后，一十有九侯伯，其得资者为资氏，得郳者为郳氏、辅氏，得虔者为虔氏，得寇者为寇氏，口引氏、刘氏。国于郦者为郦氏、俪氏，食其氏，侍其氏。国于翟者为翟氏、糴氏、狄氏，于詹者为詹氏。自詹移葛，则为葛氏、詹葛氏。髡氏依之分，狂犬任之种也。后武王克商，求封帝之裔于葝，以复契，又有葝氏、桥氏、乔氏、陈氏、苍林氏、有熊氏、轩氏、轩辕氏、陈氏。洛之后又有落氏，雒氏。阚之后又有监氏。密须之后又有须氏。舒之后又有舒子氏、纪氏。"

现根据《大戴礼记》《世本帝系》《国语·晋语》《轩辕黄帝传》《史记·五帝本纪》《路史·疏仡纪》诸书所载史料，参以今人研究成果谐列出黄帝的世系表，虽歧见纷陈，互有出入，但绵绵瓜瓞，龙脉传承，的确有所依据。

炎帝传说是姜姓部落的始祖，号烈山氏，一作厉山氏，一说即神农氏。相传是少典娶有蟜氏而生。原居姜水流域，后向东发展到中原地区。姜姓是古代羌人的一种，其苗裔有烈山氏、共工氏等，他们的后代分为齐、吕、申、许4个分支。

根据黄帝和炎帝的传说，我们大致可以推测出：一，姓是由母系血缘决定的，黄帝有25个儿子，之所以"同生而异姓"，就是因为他们的母亲不同，分别由4妃所生。二、黄帝之子12姓和炎帝之后4姓，后来传布九州，大部分现在仍然常见。另据学者考证，"汉族固为其苗裔，而西藏族之羌，回族之安息，苗黎族之番号，蒙古族之匈奴，东胡族之鲜卑，金人之祖且为黄帝之子清，满清则金人之后也，是皆近世治史者所能考信。"（于右任《黄帝功德记·序》）所以，后人把炎帝与黄帝，特别是黄帝推为中华民族的始祖，从姓氏学角度来看，也并非没有道理。

▲ 炎帝像

另如《国语·郑语》记载，祝融之后有8姓（实际上本为6姓，另两姓是从别的姓分出来的）这8姓在夏、商、周三代也建立了一批大国小国。

己姓：昆吾、苏、顾、温、董。
董姓：鬷夷，豢龙。
彭姓：彭祖、豕韦、诸稽。
秃姓（由彭姓分出）：舟人。
妘姓：邬、郐、路、偪阳。
曹姓：邾，莒。
斟姓（由曹姓分出，无后）。
芈姓：夔，越，蛮芈、楚。

这些姓并非全存在，有些在商、周时就已灭绝了。但它给我们一个启发，姓的发展是以上古时期为数不多的几个氏族为圆心，各自向四方辐射，最后交织融合在一起，形成了现在的数千个姓。

先秦时期男子虽然有所属的姓，如周人姬姓，殷人子姓，但并不把姓加在名字前面。男子一般只称氏，不称姓。顾炎武曾总结道："考之于传，255年之间，有男子而称姓者乎？无有也。"（《日知录》卷二十三）旧小说《封神榜》和近人多称周武王为姬发、周公为姬旦，是不合史实的。而女子则必须称姓，这是由于礼制规定同姓不通婚，故对女子的姓特别注重，"姓焉者，所以为女坊也"。（同上书）即使买一个侍妾，如不知道她的姓，也要用占卜来判定。鲁昭公娶了吴女为夫人，因两国都是姬姓，为防止人们的非议，只好称吴女为"吴孟子"，不敢说是姬姓，即便如此，仍有人嘲讽他不知礼仪（见《论语·述而》）。

■ 氏的出现

我们前面已经指出，姓是表示有血缘关系的世系群的称号，起源于母系社会。而氏则是由同姓衍生的分支，起源于父系社会。姓依靠共同的血缘来维系，所以比较稳定，氏是后起的，依靠社会角色和地位来划分，所以具有易变性和流动性。《左传·隐公八年》中的一段话，就将姓与氏的区别与联系讲清楚了："天子建德，因生以赐姓，胙之土而命之氏。诸侯以字为谥，因以为族。官有世功，则有官族，邑亦如之。"意思是说，天子以有德之人为诸侯，根据其出生而赐姓，又分封土地而称氏。如周封舜后于陈地，赐姓曰妫，命氏曰陈。诸侯以字作为谥号，后人便作为族号；担任官职而世代有功者，就以官名为族号，如司马氏、司空氏、司徒氏等。此外也有以采邑为族号的，如晋国的韩氏、赵氏、魏氏等。这里所说的族号，实际上就是氏。

郑樵在《通志·氏族略序》中指出："三代（夏、商、周）之前，姓氏分而为二，男子称氏，妇人称姓。氏所以别贵贱，贵者有氏，贱者有名无氏。故姓可呼为氏，氏不可呼为姓。姓所以别婚姻，故有同姓、异姓、庶姓之别，氏同姓不同者，婚姻可通，姓同氏不同者，婚姻不可通。三代之后，姓氏合而为一，皆所以别婚姻，而以地望明贵贱。"这段话将姓氏产生的时代（三代以前）、以及作用和区别（"别婚姻"与"明贵贱"）讲得非常透彻。其中"氏同姓不同者，婚姻可通，姓同氏不同者，婚姻不可通"，说明在宗法制的社会中，联姻一方面要注意"同姓不婚"，以维持种族血脉的兴旺，另一方面还要注意"异

▲ 郑樵像

氏不婚",即不同的阶级也不能通婚,以维持阶级身份的纯正。统治阶级的思想意识在姓氏上打上了深深的烙印。"氏族的名称一开始就同氏族的权利密切联系在一起。"(恩格斯语,见《马克思恩格斯选集》第4卷第83页)

姓是血缘的烙印,所以历久不变,氏是阶级的标志,所以可自立变化。顾炎武说"氏一再传而可变,姓千万年而不变。"(见《日知录》卷二十三)例如周人以姬为姓,传说是从黄帝时连续下来的,而陈人以妫为姓,传说是从虞舜时代连续下来的。历经了千百年,却仍没有发生变化。氏却往往过一两代就可能出现变化。比如春秋末年楚国的伍子胥,本以伍为氏,他被吴王阖闾赐死后,儿子为避难,逃到齐国,改为王孙氏。又如陈国的陈完,本以陈为氏,由于国内发生内乱,他出奔到齐国,齐桓公封于田,子孙遂改"陈"为"田"氏。

到了战国以后,姓氏逐渐合而为一,汉代则通称为姓。这样,上自天子,下至庶人都有了姓,这个变化标志着旧的宗法分封制度的瓦解,是姓氏学上的一件大事。

第二节　名字的由来

■ 名的出现

　　名作为氏族成员互相区别的标志，是人的个体意识在文化上的表现。因此，名的产生恐怕要比姓与氏晚得多，它是社会文明进一步发展的结果，是氏族对部落成员中个体存在的文化认可和确证，是为了"别众猥而显此人"。对于社群组织来说，名的产生是一种离心力和腐蚀剂，它会使本来凝为一体、彼此无差别的组织变得松散而有距离。但从历史发展来看，个人私名的产生进一步从观念上促使原始公社的崩溃，私名同私有制一样，都是人类社会进步的里程碑。

　　从民族学和文化考古学的资料来看，在原始公社的母系氏族阶段，人们已经有了个人的名字，并在交往和择偶中使用。从宋兆麟等人所著的《中国原始社会史》一书中得知，我国云南宁蒗县永宁纳西族地区，母系亲族所占比例较大，在那里每个人都有自己的名字。

　　但上古时期人物的名字，还没有与姓氏彻底分离，而是更多地表现出特定时期的文化特征。人们聚集在一个英雄人物的周围，崇拜并服从他，以他的发明创造作为旗号，因此，很难说这就是个体的名称。比如有巢氏，是人们开始懂得构木为巢、营建住所的标志。

　　到了夏代，人们已有了确定的名字，据《史记·夏本纪》的夏世系知，鲧禹之后，有启、太康、仲康、少康、予（帝宁）、槐、芒、泄等，但在命名上究竟有什么规律，因文献阙如，我们不好妄作解释。殷商时期帝王以干支命名，是比较有规律的，现以《史记·殷本纪》为据，列殷王世系于后（见第26页）。据表可知，殷商帝王自帝喾到振等8人，不以十天干为名。微，《国语·鲁语》作上甲微，《山海经·大荒东经》郭璞注引《竹书纪年》作主甲微。这样看来，自上甲微至帝辛（纣）止，三十七王，均以十天干为名。但这种命名究竟有何用意，古今学者说法不一。

有人认为是以生日为名。如《白虎通·姓名》中说："殷人以生日名子何？殷家质，故直以生日名子也。以《尚书》道，殷家太甲、帝、武丁也"。《易纬乾凿度》亦云："帝乙则汤，殷录质，以生日为名，顺天性也"。同说亦见于皇甫谧《帝王世纪》，司马贞《史记索隐》引："微字上甲，其母以甲日生故也；商家生子以日为名，盖自微始"。又《太平御览》卷八十三亦引："帝祖乙以乙日生，故谓之帝乙"。

还有人认为是以死日为名。近人董作宾主张此说，他在《论商人以十日为名》一文中讲道："汉人以为甲乙乃生人之名，所以解以'以生日名子'，这是合理的。现在既由甲骨文字证明了甲乙不是生前的名子，只是死后神主之名，当然以死日忌日为神主之名、祭祀之日，最为合理。若说甲乙是死后的神主之名而取生日为标准，就未免迂远而不近人情。固然，从残缺的贞卜文字里，找出某人的生日，以证明神主甲乙命名的来源，是绝不可能之事，找死日也同样不可能。"

也有人认为是以庙号为名。如司马贞《史记·殷本纪索隐》引《古史考》："谯周以为死称庙主曰甲也"。又引同书："谯周云：夏殷之礼，生称王，死称庙主，皆以帝名配之。天亦帝也，殷人尊汤，故曰天乙"。这种看法在后来非常盛行，并对何以称庙号的原因，提出了不同的解释。陈梦家《商王名号考》中认为："我们从周祭祀谱中，知道周祭先王先妣的次序，主要的是依了及位、死亡和致祭的次序而分先后的……卜辞中的庙号，既无关于生卒之日，也非追名，乃是致祭的次序；而此次序是依了世次、长幼、及位先后、死亡先后，顺着天干排下去的。凡未及王位的，与及位者无别"（见《殷商卜辞综述》第404～405页）。李学勤反对此说，他认为"殷人日名乃是死后选定的"，是通过占卜而定。张光直在分析批判了前人的各种说法之后，提出自己的见解，他认为："以十日（甲、乙、丙、丁、戊、己、庚、辛、壬、癸，）为名的习俗不是照旧说根据生日（或死日）而来的，而是死后庙主的分类制度。庙主的分类反映活人的社会身份地位的分类。"（见《中国青铜时代》第173页）

殷商时期，除以天干命名外，人们还另有称谓。如汤、微、纣、子渔，子画等，都是男子之名。而帚姘、帚好之类，都是女子之名。武丁的配偶中也有帚嫀、帚周、帚楚、帚杞、帚矮、帚娕、帚庞等。这样看来，以天干相称并非一般意义上的命名，恐怕别有寓意。故生日说并不可靠，死日说亦牵强附会。庙号（或庙主）说，更有说服力。但究竟为何以十天干作为庙号的次序或庙主的分类依据，尚未有人作出确切的解释。

■ 字的出现

周人贵族男子，年满20，要举行成年仪式，将垂发束起来挽在头顶，戴上冠，并由来宾根据他的名，给起一个字。自此以后就列入丈

▲ 古人举行冠礼

夫行列了。这就是《礼记·曲礼上》所说的"男子二十冠而字"和《仪礼·士冠礼》则说："冠而字之，敬其名也。"

另外，周人还有避讳的习俗。人死后为了尊敬他就不能再称呼他的名。这叫"以讳事神"（《左传·桓公六年》）。为长远打算，所以成年之后，就"敬名称字"了。

从以上看来，周人举行冠礼取字，是承认一个男子成为贵族成员的一种表示。但到了后代，这些东西都被过滤去了，取字只是为了社交活动。字成了知识阶层中成年男子的一种标志。宋代还不准从事劳作的下层人民有字。明清时代就不同了，贩夫走卒，三教九流的人物都可以取字。尽管也受到一些人的批评或讽嘲，但取字还是被普遍推广开来。

上古时代女子原来也取字。《礼记·曲礼上》说："女子许嫁，笄而字。"笄是女子在头顶盘发用的簪子。这种礼制后代没行开，只留下了几个成语。如说女子已有婆家叫"已字"，没有婆家叫"未字"，或叫"待字闺中"。

■ 字的基本格式

《仪礼·士冠礼》说到字的格式的时候，我们经常见到："伯某父，仲叔季，唯其所当。"这个典范格式是，先出表示其人在弟兄中长幼次序的字眼，再列和名相配的"表字"，最后缀上个男性最美的称呼字眼"父"。举个例子印证一下。如孔子名丘，字仲尼父。其父母祷于尼丘山才生下他，所以名"丘"字"尼"，以记其事。孔子已有个同父异母的哥哥，字孟皮。孔子行二，所以行第字用个"仲"。如果父母就只生他一人，行第字就用不着了。这一格式，在先秦习见。如孔子的先祖中，有名何字弗父的，有名周字宋父的，有名嘉字孔父的。孔子殷商之后，姓子，孔是氏，就是从这位孔父来的。

这个格式太复杂，一般都用它的"改良"格式：就是去掉后缀成分"父"，成为二字格。如说孔子字仲尼。后世只有文章、作品署名时，才仿古启用这一庄重格式。如明人魏学洢在《核舟记》中，最后记述艺人在舟背这样题道：天启壬戌秋日虞山王毅叔远甫刻

这"叔远甫"就是仿的"伯某父"这一古老格式。汉人嫌"父"太刺目，改用"甫"。后代以"甫"命名取字，也正是因为汉代把字的装饰字眼"父"改为了"甫"，所以后世在交际场合，朋友初次见面，都互问对方："台甫？"这等于问"您的字？"

在先秦时代，另一字的通行格式是"表字"前加修饰字眼"子"。子是美称。如卜商字子夏，端木赐字子贡，仲由字子路，颛孙师字子张。这一格式在后世也很流行。如赵云字子龙，杜甫字子美，苏轼字子瞻。等等。

先秦还有不加任何修饰字眼的一个字的字。如公子巩字后，申党字周，公子务人字为，白丹字圭，屈平字原。秦汉时代这种一字字还常见。如项籍字羽，陈胜字涉。后来逐渐少见，唐代忽然一度盛行。如房玄龄字乔，颜师古字籀，等等。但顾炎武说，上述唐人如房玄龄、

颜师古都是字,只因唐太宗敬重大臣,常称他们的字,遂以字为名了(见《日知录》卷二三·"人主呼人臣字")。不过他们的传都说是字。

名字的时代特征

命名取字是语用行为,和词汇关系尤为密切。在语言的3个构成要素——语音、语法和词汇当中,以词汇最为活跃,发展变化最迅速。伴随着社会情况的变化,新事物的出现和人们思想观念的更新,都会产生新词、新语来为人类交际服务。生活在不同历史时代的人,命名取字,也受到他所处时代的制约和影响,名字往往带上时代特征。但这并不是说,每个人的名字都会染上历史色彩,这只是就宏观而言,具体到各个人,还须具体分析。在某一历史时代,总有那么一部分人的名字,会反映那一时代的风尚、习俗和一些思想观念的,综合起来,便可窥见一个时代的历史风貌。以现代为例:40年代后期至50年代初,不少人叫解放,叫爱国、爱军,叫建设、建国,叫抗美、卫国、和平;50年代后期至60年代,许多人叫跃进、超英,叫继红、育红、永红;60年代后期,人们又多叫卫东、小兵、红卫、爱武,等等。这些名字的出现,无一不都和社会历史的变革、重大历史事件的发生,以及人们思想观念的更新紧密相关。现代如此,古代也是如此。纵观上古、中古和近古,不少人的名字,也都反映了各自时代的风貌。

第二章
古人的姓名文化

　　现代人的称谓比较简单，只有姓与名这两部分。但在古代，它是非常复杂的，名目繁多。在先秦时期，姓与氏是有严格区别的，姓是为了"别婚姻"，而氏则是为了"明贵贱"。古人的姓名结构也与现代人不同。现代汉民族的姓名结构一般是姓在前，名在后。古代的贵戚官宦、文人墨客有时又以称官职、称地望、称排行为雅事，古代的姓名形成了多样、丰富的文化。

第一节　姓及其分类

■ 同姓　异姓　庶姓

所谓"同姓",简言之,就是同一血缘氏族的人,在周朝时则是指与周天子有共同血缘关系的姬姓诸侯。而"异姓"则刚好相反,是指不同血缘氏族的人。"庶姓"则是对天子或诸侯国君的同姓而言。就异姓中别之,有时又以异姓之无亲者为庶姓,在周时则是指与姬姓没有婚姻关系的诸侯国。《左传·隐公十一年》:"薛,庶族也。"注:"庶姓,非周之同姓。"

■ 单姓　复姓

单姓就是单字姓,汉民族大多数是单字姓。复姓则是指非单字姓,主要有双字姓、三字姓和四字姓,以双字姓居多。汉族的复姓多半是产生在商周和春秋战国时期,有些严格地讲,是属于"氏"而非"姓",如司马、欧阳、司空等。非汉族的复姓比较复杂,就字数而言,有双字姓、三字姓、还有四字姓、五字姓等。就分布地区而言,有代北复姓、关西复姓、诸方复姓等,下面列举几个例子:

代北双字姓:长孙、万俟、宇文、慕容、贺兰、达奚、呼延、乙干等。

关西双字姓:莫折、夫蒙、罕井、屈男、鲁步、不蒙、昨和等。

代北三字姓：步大汗、没鹿回、侯莫陈、阿史那、阿史德、普六茹等。

代北四字姓：自死独膊、井疆六斤等。

女真人四字姓：耨盌温敦。

满清皇族四字姓：爱新觉罗。

吐蕃族五字姓：鹘提悉补野。

郡姓

所谓的郡姓，是指一郡之内的大姓望族，古人以姓氏相呼必系郡望，所以有郡姓、侨姓、甲姓、右姓等名称。《新唐书·柳冲传》中解释说："郡姓者，以中国士人差第阀阅为之制，凡三世有三公者曰膏粱，有令、仆者曰华腴。尚书、领、护而上者为甲姓，九卿若方伯者为乙姓，散骑常侍、太中大夫者为丙姓，吏部正员郎为丁姓。凡得入者，谓之四姓。"魏晋以来，受九品中正制的影响，人们非常注重姓氏之辨，把姓氏的高贵与血缘的纯正作为选官授职和缔亲联姻的重要标志。这样便产生了一门专门的学问——谱学，即专门鉴定姓氏的真伪，区分哪些是甲族大姓，哪些是庶族寒门，以防假冒。晋武帝时，贾弼之祖孙三代掌传谱学。贾氏《士族谱》的抄本被秘藏在皇家档案馆中，由专人负责保管。梁武帝从整理士籍入手，依据东晋贾弼之《士族谱》、宋刘湛所修《百姓谱》，设立谱局，改定《百家谱》，共八十卷。东南士族另立一部。从此便确定了南朝百家士族和东南当地士族的谱系。谱学的内容主要是谱列世家大姓的地域分布、血统分支、等第阀阅。唐人柳冲论谱学时曾说："过江则为侨姓，王、谢、袁、萧为大东南则为吴姓，朱、张、顾、陆为大；山东则为郡姓，王、崔、卢、李、郑为大；关中亦号郡姓，韦、裴、柳、薛、杨、桂首之；代北则为虏姓，

▲ 左思像

元长孙、宇文、于、陆、源、窦首之。"(《新唐书·柳冲传》)

当时社会上流行的是出仕看阀阅,婚姻看门第。形成了"上品无寒门,下品无势族"的不正常现象,一些庶族寒门子弟,虽然满腹经纶、才华超众,但也很难出人头地。西晋著名诗人左思当时就感慨道:"郁郁涧底松,离离山上苗,以彼径寸茎,荫此百尺条。世胄蹑高位,英俊沉下僚。"(《咏史八首》其二)封建的等级制度与姓氏的等级制度互相补充,形成了一条贵贱尊卑的鸿沟,任何人都无法逾越。

婚姻上注重门第,只有同属著姓大族才能互相联姻,否则就会被社会嘲笑。据《陈书·儒林传》记载,有人名叫王元规,是太原王氏,著名的望族。因幼时父死,寄居于舅家,落魄失意,当地的土豪拥有百万家财,想与他家联姻,把女儿嫁给他,他竟然不答应,觉得有辱门风。《魏书·崔辩传》中也说,崔家有一个姑娘一目失明,望族大姓家没有人愿意娶她,家里打算把她嫁给寒门庶族。她的姑姑听说这事后，非常伤心，说什么也不让侄女下嫁，最后就让自己的儿子娶了她。这些都是当时流传人口的佳话。当然，也有一些士族大姓家的女儿，因长得丑陋不堪，找不到门户相当的婆家，只好晚上偷偷地嫁给远方的一些庶族寒门，以便避免被人发现耻笑。

类似的笑话还有许多。据说北魏孝文帝时，评定姓氏等第，将汉族中的范阳卢氏、清河崔氏、荥阳郑氏、太原王氏定为最高门。陇西李氏听到小道消息传说，闻风而动，派员昼夜兼程，策马赶到洛阳，试图将自己的姓列入高等，无奈四姓的次序已经排定，李氏一族被高门贵第嘲为"驰李"，留下了一个笑柄。南齐时，明帝主持评定姓氏等第，因没有将河东薛姓列入郡姓，当时在殿上担任警卫的直阁薛宗跑进来愤愤不平地说："我们的祖先曾去四川当官，但二世以后已归入河东谱系，迄今已是六世相传了，不能算是蜀人。陛下如不把我们薛姓列入郡姓，我今天只好碰死在这里了！"

到了唐初，郡姓中最主要的是所谓的五姓七家，即李（陇西、赵郡）、崔（清河，博陵）、卢（范阳）、郑（荥阳）、王（太原）等，这些旧士族"自持郡望，耻与他人为婚"。唐太宗为了抬高皇族的地位，命令高士廉等人刊正修订姓氏等第，不久高士廉等将定本奏上，仍以山东崔姓为第一等，皇姓为第二等。太宗大怒，责令高士廉重修，明确指示说："不须论数世以前，止取今日官爵高下作等级。"贞观十二年（638年）时将书修成，共一百卷，题名《氏族志》。全书分9等，评定了当时的293姓，1651家，以皇族李姓为第一等，外戚之姓为第二等，山东崔、郑等旧族列为第三等。唐高宗时又经李义府修改，更名为《姓氏录》，共评定235姓，2287家，"以四后姓、酅公、介公及三公太子三师、开府仪同三司、尚书仆射为第一姓，文武二品及知政事三品为第二姓，名以品位高下叙之，凡9等。取复及昆弟子孙，余属不入。"

从姓名学的角度来看，郡姓的形成和谱学的发达，为我们研究氏族的发展、迁徙和演变提供了大量系统完整的资料，弥足珍贵。但从社会史上来说，这种严格区别贵贱高低的"姓氏之辨"，不过是利用人的文明之根压制、扼杀人的一种极其落后野蛮的行为。

■ 改姓

改姓与赐姓不同，赐姓是一种荣宠，而改姓则大多为某种情势所逼，迫不得已。主要有因匿罪而改姓、因避讳而改姓、因嫌恶而改姓，以及少数民族改汉姓和汉人改少数民族姓等几种情况。

因躲避政治迫害或匿罪而隐姓埋名者，从古以来，史不绝书。最著名的如春秋时越王勾践的谋臣范蠡，帮助越王恢复天下后，为防止越王诛杀功臣，便携着

▲ 勾践像

美女西施，变姓名，自称鸱夷子皮，泛舟湖海，隐于商贾，又称陶朱公，成为一代富豪。战国时范雎，为了逃出魏国，改姓张，名禄，后来在秦为相很长时间，仍没有恢复本姓。

因避讳而改姓的也很多。郑樵《通志·氏族略》中曾收录了一些，如籍氏为避项羽讳而改为席氏，奭氏为避汉元帝讳而改为盛氏，庄氏为避汉明帝讳而改为严氏，庆氏为避汉安帝讳而改为贺氏，师氏为避晋景帝讳而改为帅氏，姬氏为避唐明皇讳而改为周氏，弘氏为避唐明皇讳而改为洪氏，淳于氏为避唐宪宗讳而改为于氏，啖氏为避唐武宗讳而改为澹氏。宋代名臣文彦博本姓敬，因避后晋石敬瑭的名讳，改为文氏，后汉时还复本姓，入宋后为避翼祖赵敬之讳，又一次改为文氏。

如果说赐姓是表示荣宠的一种方式，那么因嫌恶而迫使某些人改姓，则是封建统治者表现他们憎恨之情的一种方式，有时甚至是惩处叛逆的一种武器。嫌恶改姓大约始于西汉末年，王莽因匈奴单于囊知牙斯违逆命令，便改匈奴单于为降奴单于。晋咸和初，成帝司马衍以叛逆罪诛杀南顿王司马宗，贬其族为马氏。南齐明帝杀叛逆之皇族萧子响，贬其族为蛸氏。唐高宗时，武则天杀王皇后、萧良娣，仍觉不解心头之恨，于是改王皇后姓蟒氏、萧良娣姓枭氏。又杀她自己的侄儿武惟良、武怀运，并改姓蝮氏。武后登帝位后，唐宗室琅琊王李冲、越王李贞起兵复唐，被武后派大军所镇压，所有参与者皆被改姓虺氏。山东省有㒰姓，此姓原为马姓的一支，被清雍正皇帝下令改姓"骂"，世代沦为贱民，直到民国初年才添上立人旁成为㒰姓，表示重新获得人权。

少数民族改汉姓的例子也是很多的，最集中的恐怕要算魏晋南北朝时期。北魏孝文帝推行改革措施，其中有一项就是让鲜卑贵族都用汉姓，具体做法是把各个部落的复姓都改为音近的汉字。如皇族拓跋氏改为元氏，丘穆陵氏改为穆氏，步六孤氏改为陆氏，贺赖氏改为贺氏，独孤氏改为刘氏，贺楼氏改为楼氏，勿忸于氏改为于氏，纥奚氏改为嵇氏，尉迟氏改为尉氏，达奚氏改为奚氏。总共改姓的贵族有一百多家。辛亥革命后，清宗室爱新觉罗氏中，有许多改为汉姓，其中有改为金氏的，有改为罗氏的，也有改为肇氏、德氏、洪氏的。著名作家舒庆春（老舍）、语言学家罗常培、相声演员侯宝林，都是满族人，在最近几代才改为汉姓。

汉族人改少数民族姓氏的情况也有。如南北朝时的梁御在其高祖时就改姓为豆陵氏。又据《北齐书·连猛传》记载："綦连猛，字武儿，代人也。其先姬姓，元国末避乱出塞，保祁连山，因以山为姓。北人语讹，故曰綦连氏。"《北齐书》中所载的独孤永业，本姓刘，因母亲改嫁独孤氏，永业年幼，随母来到独孤家，并从其姓。辽、金、元三朝，曾多次把少数民族的姓氏赐给汉族官吏，在史书中经常能见到。但是从整个历史发展进程来看，还是以少数民族改汉姓者居多，而汉人改少数民族姓者则较少，且在数代之后，又大都恢复本姓。

■ 冒姓

有些人为了获得贵族的特权和优惠条件，还经常不择手段地冒充姓某。

冒姓分两种情况，一种为冒母家姓，如西汉的吕平，本是吕媭姐姐的孩子，他本来不姓吕，因诸吕势力很大，当时初封吕氏不久，所以他冒充母家的姓。

另一种情况是奴仆冒主人的姓。如汉代堂邑氏有奴，本是胡人，名叫甘父，后改称堂邑父，取主人之姓作为氏，单称其名，顾炎武认为，这就是"冒主姓之始"。（《日知录》卷二十三）又据《新唐书》记载，中唐时期著名政治人物元载的父亲景升曾替曹王明妃元氏掌管田租，后来为了升官发财的方便征得明妃元氏的许可，便冒为元氏。

第二节　氏及其分类

■ 命氏的分类

氏是由同姓衍生的分支，起源于父系氏族社会。上古时期，姓与氏既有联系，又有区别。《左传·隐公八年》："因生以赐姓，胙（分赐）之土而命之氏。"孔颖达疏曰："姓者，生也，以此为祖，令之相生，虽下及百世，而此姓不改。族者，属也，与其子孙其相连属，其旁支别属则各自立氏。"说明姓是旧的氏族称号，氏则是子孙繁衍、各立分支后的标志。举例说吧，子是殷人的姓，子姓下面又分为华氏、向氏、乐氏、鱼氏等，姬是周人的姓，姬姓的下面又分为孟氏、季氏、孙氏、游氏等；姜是齐人的姓，姓姜的下面又分为申氏、吕氏、许氏、纪氏、崔氏、马氏等。

著名历史学家吕思勉先生在谈到氏的形成时，曾做了如下的概括：

"命氏之法：诸侯即以国为氏，若践土之载书，晋重、鲁申、卫武、蔡甲午、郑捷、齐潘、宋王臣、莒期是也。诸侯

▲ 吕思勉像

之子曰公子，公子之子曰公孙。公孙之子，不得上系于诸侯，则别立氏。立氏则追溯其祖，故以王父字为氏。其中又分为二：嫡夫人之子，以五十字伯仲为氏，若鲁之仲孙、季孙是也。庶子以二十字为氏，如展氏、臧氏是也。"（《中国制度史·宗族》）

吕先生对命氏之法的概括非常正确，但有些简单。实际上，在古代，氏作为区别贵贱、标明等级身份的称号，要比姓更复杂，下面我们把命氏的情况大致分为9类：

1. 诸侯以受封的国名为氏：

郑捷（郑文公）　　蔡甲午（蔡庄公）

齐环（齐灵公）　　宋王臣（宋成公）

2. 卿大夫及其后裔以受封的邑名为氏：

屈完　知䓨　羊舌赤　解狐　白季

3. 贵族以赏赐的爵位名为氏：

王　公　伯　侯

4. 以贵族的谥号为氏：

楚庄王之后以谥号为氏，如庄𫏋；

宋武公之后以谥号为氏；

宋宣公之后以谥号为氏；

宋穆公的后代，支系子孙以谥号为氏。

5. 以祖先的字为氏：

孔丘（宋公孙嘉之后，嘉字孔父）

仲孙阅（鲁公子庆父之后，庆父字仲）

叔孙得臣（鲁公子牙之后，牙字叔）

季孙肥（鲁公于友之后，友字季）

6. 以所居住的地名为氏：

西门豹　南宫括　北郭佐　东门襄仲　百里奚

7. 以所任官职名为氏：

卜偃　司马牛　乐正克　史墨

8. 以所从事的技艺为氏：

巫　陶　甄　匠

9. 以亲属的排行为氏：

伯　仲　叔　季　孟

战国以后，人们往往以氏为姓，姓氏的区别逐渐模糊，最后合而为一。到了汉代，则通称为姓，而且自天子以至一般平民都有了姓。旧的血缘宗法制度在姓氏上的表现被荡除了，这是社会进步的标志，也是姓氏学上的重大事件。

■ 郑氏分类例说

郑樵在《通志·氏族略》中将"得姓受氏者"分为32类，郑氏的划分标准不尽统一，他所划分的这些类别，已不是先秦严格意义上的姓与氏，而是姓氏浑称之后的产物。为了能让读者进一步了解古代学者对姓氏的分类研究，特对郑氏的分类作一简单介绍。

1. 以国为氏，例如：

唐　虞　夏　商　殷　周　汉　鲁　晋　曹

（附）以郡国为氏，例如：

红　蕲　番　郴　东阳　东陵　栎阳　周阳　广武

2. 以邑为氏，例如：

祭　尹　苏　毛　樊　单　甘　缑　郤　柳

3. 以乡为氏，例如：

裴 陆 阎 郝 尸 肥 郏 耨 胡母

4. 以亭为氏，例如：

采 俞 豆 欧阳 麇

5. 以地为氏，例如：

傅 蒙 城 池 涂 嵇 鲑 桥

6. 以姓为氏，例如：

姚 妫 姜 归 任 风 姬 子 隗 己

7. 以字为氏，例如：

林 家 忌 谋 旅 方 施 奇 贡 众

8. 以名为氏，例如：

轩辕 青阳 宓 鸿 昊 沃 禹 启 牧 甲

9. 以次为氏，例如：

孟 仲 叔 李 伯 丁 癸 祖 第五 主父

10. 以族为氏，例如：

因 左 昭 索 嗣 长勺 掌 左 景 余

11. 外国大姓，例如：

朴 释 赫 塞 宜 茹 副 萎 异 敛

12. 以官为氏，例如：

云 史 青 太史 左史 王史 侯史 士籍 席 终古

13. 以爵为氏，例如：

皇 王 公 霸 侯 公乘 公士 庶长 不更

14. 以凶德为氏，例如：

蝤 莽 闻人 闻 兀 勃 蝮 枭

15. 以吉德为氏，例如：

冬日　老成　考成

16. 以技为氏，例如：

巫　屠　甄　陶　优　卜　匠　干将

17. 以事为氏，例如：

所痛　冠　白马　青牛　苻　白鹿　锐　刍

18. 以谥为氏，例如：

庄　严　敬　康　武　桓　穆　僖　哀　幽

19. 以爵系为氏，例如：

王叔　王子　王孙　公子　公孙　士孙

20. 以国系为氏，例如：

席孙　室孙　廖叔　滕叔　齐季　蔡仲

……

第三节　名及其分类

名是社会成员互相区别的独特标志，可以根据命名的时间方式的不同，细分为乳名、别名和冠名。

乳名，即《白虎通》中所说的"幼小卑贱之称"。上古时期，如果家中生下男孩子，就必须在产房门左边挂以角弓，"载寝之床，载衣之裳，载弄之璋"，生后3日，父亲还要以弓矢射天地四方，表示这个孩子将来要以天下为己任；如果生下女孩子，则须在产房门右挂以佩巾，"载寝之地，载衣之裼，载弄之瓦"。"弄璋"与"弄瓦"后来成了生男生女的代名词，实即源于此。这两者的区别表明男子是主外事的，女子则是管家务的。《女诫》上说："古者生女三日，卧之床下，弄之瓦砖而斋告焉。卧之床下，阴其卑弱，主下人也，弄之瓦砖，明其习劳，主执勤也；斋告先君，明当主继祭祀也。三者盖女人之常道，礼法之典教矣。""妇人之礼，精五饭，幂酒浆，养舅姑，缝衣裳而已矣。"婴儿出生3个月由父亲命名，这便是乳名。《礼记·内则》中还详细记载着为小儿命名的仪式："世子生，则君沐浴朝服，夫人亦如之。皆立于阼阶，西向。世妇抱子升自西阶，君名之，乃降。"《仪礼·丧服传》也说："故子生三月，则父名之。"《内则》中还将命名时的细节绘声绘色地记录下来："三月之末，择日，父执子之右手，咳而名之。"不过，这可能只是贵族之家的讲究，后代并不严格遵守这种"三月之期""咳而名之"的仪式。但现在陕北民间在小儿满百日时，仍要邀请亲朋好友庆贺，并让来宾中的长者或显贵者给小儿命名，可能即与古礼有关。

别名，即曾用名，人一生可能会换几个名字，一般替换的名叫作别名。

冠名，亦称官名，是一个人公开使用的正式称号。古代男子在20岁成人时举行冠礼（束发加冠），女子在15岁许嫁时举行笄礼（结发加笄），在这个仪式上获得的新命名就是冠名，一般通称为字。本节所讲的名，实际上是指它的狭义，即乳名。

■ 小名　大名

据《礼记·内则》说，周代的贵族之家，生下男孩之后，满3月的时候，由父亲给起名。后世给新生儿起名，并不死扣满3月，也并不一定由父亲，也可能是祖父、祖母或母亲。因为是幼儿时期的名，所以通常称小名，也叫乳名，有的地区叫奶名。顾名思义，那就是小时候的名字，形象点说，就是吃奶的时候的名字。后世尚文，追求典雅，小名在书面上叫"小字"。

从先秦文献上看，那时无小名这一说。没有小名，也就无从说大名。那时大约是一次性命名。从许多贵族名字来看，有的很俗。如鲁成公名黑肱，晋文公名重耳，齐桓公名小白，郑庄公名寤生，陈宣公名杵臼，晋成公名黑臀。这

▲ 曹操像

都像后来的小名。史书上也没说他们后来又名什么，许多贵族的字都是就这个不太雅的名上起的。

人的名字分大小，大约是秦汉之际。《史记·司马相如列传》说："故其亲名之曰'犬子'。"这是父母对子女的喜爱，故意起的。后人给孩子起小名，常故意起丑的，起俗的。大约都为表亲昵。也有为求长命的，如叫"狗剩"。

三国时期有不少的名人都有小名。曹操小名叫曹阿瞒；刘备给自己的儿子起小名叫阿斗，"扶不起的阿斗"中就是用了后主刘禅小名。魏晋以下，在文人雅士中还喜称小名，这集中表现在东晋。

到了入学年龄，要另起一个供外人叫的名字，是谓大名。读书时叫学名；在官府当差叫官名；倘如做了官，还叫官印，也叫官讳。后来"官印"成了对他人名字的敬称。

有了大名之后，小名就"功成身退"了，尤其是娶妻生子后，不能唤人小名，这是极大的不敬，就算父母也不能轻易唤用。

单名 双名

从字数上来看，汉民族的命名主要有单字名和双字名两种。

单字名出现的时间较早，可以一直追溯到私名产生的时候，传说中的尧、舜、禹、启就都是单名。就信史考察，周文王名昌，周武王名发，周成王名诵，周公名旦，召公名奭，姜太公名尚，孔子名丘，孟子名轲，都是单名。上古时重实用、少藻饰，加之单音节词发达，所以单字名非常盛行。先秦时代的人，有的是单名，有的是双名，但总的来说，还是单名多，双名少。

但人的审美意识一般是由质朴到绮丽嬗变，语言也是由单音节词向双音节词和多音节词发展，所以，春秋时期也出现了不少双字名，如仲孙何忌、魏曼多、散宜生、苏忿生等。可是，人们在读史籍时常会发现，如《春秋公羊传·定公六年》中曾说："二名非礼也"，《礼记正义》中也说："春秋讥二名"。这是怎么回事呢？西汉末年，王莽当政时还曾下令禁止使用双字名，只能通行单字名，认为这样才符合古制。在《汉书·王莽传》中有"匈奴单于，顺制作，去二名"的记载，可见二名之禁，确实颁布过诏令。《汉书·匈奴传》中还具体记述王莽当政时，不仅禁止中国人取二名，而且要使臣转告匈奴单于，如果改了名字，将一定重重赏赐。于是单于特地给王莽上了一道表章，说道：

"幸得备藩臣，窃乐太平圣制，臣故名囊知牙斯，今谨更名曰知。"

王莽这样不遗余力地推行单字名，禁止双字名，除了复古心理作祟外，还有什么原因呢？

这个千古之谜，直到明末清初，才被著名学者顾炎武解开。顾炎武认为，古人命名或单或兼，古书经传均有记载，"春秋讥二名"并非讥双字名，而是讥其名多次变化无常者，"左氏说二名者，楚公子弃疾弑其君，即位之后，改名为虔，是为二名。"（《日知录》卷二十三）

人名之所以由单名向双名转化，是命名取字复杂化的一种表现。促使双名化的原因，大约有这样几点。

第一，单名不易表现思想愿望。如刘邦、萧何、韩信、张良、陈平、表达不出完整意思，不如郑当时、韩安国、张安世、杜延年、朱买臣、陈万年、于定国等，能将志向、抱负和愿望，充分表达。

第二，越到后来命名取字方式越复杂，取材越广泛。如引用经书，使用历史典故，袭用古人名字，单名往往不及双名方便。

第三，近古有了行辈区别字，必须是双名才行。其中一字为表行辈的标志字，一个是主名字，这样才可把一个族姓中人，秩序井然地表现出来。

拓展阅读

中国古代哲学以"修身"为根本

在封建社会中，帝王和皇室成员享有至高无上的权力，因此皇帝经常把自己高贵的姓氏赏赠给臣下。对皇帝来说，这不过是一时高兴的随便之举，而对臣下来说，则是莫大的荣幸，仿佛自己被批准加入了皇族，从此可以攀龙附凤，平步登天了。据《左传》记载，周代时已有了"赐姓"的现象，但那时的赐姓，是指某人被认可为某姓的法定继承后裔，与秦汉以后的赐姓并不相同。

西汉初，刘邦将项羽消灭后，就曾给项伯和娄敬赐姓，因为他们对汉高祖统一天下立了大功，因而赐姓刘氏，这便开启了后世帝王以赐姓褒奖功臣的先例。隋朝时，尉迟义臣因父亲战死有功，被隋文帝赐姓杨，编入皇室系谱。唐初曾对开国元勋杜伏威、邴元绫、徐世绩、安抱玉、胡大恩、弘播、郭子和等昏赐国姓李表示嘉奖。对一些少数民族首领亦赐姓以示怀柔。如鲜卑族首领拓跋赤辞、契丹首领库克等均曾被赐国姓。唐末时也曾赐姓李克用、李茂贞、李顺节等割据政权的首领或少数民族头目。武则天称帝时，曾给睿宗李旦赐姓为武，还曾给一个喜欢言诡说符瑞的傅游艺赐姓为武。赐姓给李旦，是想让他成为武氏天下的皇嗣，赐姓给傅游艺，则是因他曾劝武则天称帝临政。

赐姓是帝王向功臣显示荣宠的手法，但有时则是为了拉拢文臣武将，"或藉其用，或畏其逼，不得已也"。有时不过是因"财力既殚，爵赏又滥，不足以系人心，故设此以劝功"，送空头人情。

　　也有一些赐姓是很偶然。如五代时后汉的鸿胪卿谢服，随驾亲征，皇帝因其姓名连称义不祥而改赐为射咸。清嘉庆时的翰林祁隽藻，因皇帝误称其为"初隽藻"，左右大臣不敢纠正皇上念错的字，于是以讹传讹，祁隽藻自己也就以初为姓。

第三章
古人起名学问与名字组合

姓氏有单姓与复姓之分，名也有单名与双名的区别。由于时代不同，所以起名的理论根据都带有时代的印记。名和字有极为密切的意义联系，二者可以说是相互依存的。东汉班固在《白虎通义·姓氏》中说："或傍其名而为之字者，闻名即知其字，闻字即知其名。"

第一节　起名基本知识

■ 古代如何起名

中国的文化历史悠久，起名的历史要追溯到原始社会时期，那时人们的文明、文化还不发达。为了区分部落之间的归属和特征，就有了氏族图腾。图腾后来逐渐演变成熟，才形成使用广泛的姓氏。

我国古代起名的方法很多，如有时间、地点、人物、自然事物、重要事件、音节等方式。不同的方法有不同的特点和含义。

孔子给儿子起名，就有一个典故。据说孔子19岁时娶宋国人亓官氏为妻。据考证，孔子妻子亓官氏原居住在宋国，后迁至鲁国，定居曲阜。婚后第二年，孔子的儿子就出生了。当时精礼善乐的孔子在鲁国的名声已经很大。孔子儿子出生的消息很快传到鲁昭公那里，鲁昭公派人送了一条鲤鱼以示庆贺。孔子以此为莫大荣幸，便给儿子取名为孔鲤，字伯鱼。

孔鲤是孔子的独生子，孔子非常重视对他的教育。但孔鲤一生似无大的建树。《史记·孔子世家》记载，孔鲤50岁时去世，比孔子早去世5年。孔子的晚年不太好，承受老年丧子的悲痛，留下很多遗憾。孔子是大学问家，学识渊博，但有人觉得他给儿子取得名字有不妥之处，原因：1.孔为空，为空间；鲤为鲤鱼、离。姓与名组合不好。2.名字"空离"的喻意不佳,是短寿的标志。

命名的另一种方式就是根据排行命名。一般来说,双字名用一字相同表示排行,单字名则以偏旁相同的字表示排行,还有一些下人贱民,没有文化,就径直用序数命名来表示排行。顾炎武认为双字名表示排行始于晋末,他说:"兄弟二名而用一字者,世谓之排行。如德宗、德文、义符、义真之类。起自晋末,汉人所未有也。"(《日知录》卷二十三)这一论断恐站不住脚。因为《左传》中就曾有长狄兄弟4人,分别叫:侨如、焚如、荣如、简如。东汉时孔子的后裔孔僖有二子,分别叫:长彦、季彦。东汉末著名书法家蔡邕为别人作碑文,中有"懿达、仁达"两兄弟,可见双字名表排行也是由来已久,并非晋末才出现。单名以偏旁表排行,如东汉末荆州牧刘表的两个儿子分别叫刘琦、刘琮。魏晋时卫恒之子卫璪、卫玠,张华之子张祎、张韪,梁代的钟岏、钟蝶、钟屺兄弟,北齐的高洋、高演、高澄、高湛兄弟等。至于在命名时以序数表示排行,出现的较晚。唐人喜欢称呼别人的排行,在诗文和笔记中记载甚多,但那并不是名,而是一种别号,我们留在下一节专门介绍。终其身以排行相称,再没别的名字者,据史料记载,在魏晋南北期时已出现。《周书·异域传》中记当时的獠人,"俗多不辨姓氏,又无名字,所生男女,唯以长幼次第呼之。其丈夫称阿謩、阿段,妇人称阿夷、阿第之类,皆其语之次第称谓也。"宋代这种命

▲ 孔鲤像

名法也非常流行，如兴国军民熊二、鄱阳城民刘十二、南城田夫周三、符离人从四、楚州山阳县渔者尹二、解州安邑池西乡民梁小二、临川人董小七、徽州婺源民张四、黄州市民李十六、金华孝顺镇农民陈二等等（见洪迈《夷坚志》）。《水浒传》中的阮小二、阮小五、阮小七也是以排行为名的。这些以排行命名者，大都是下层社会的百工细民。元代异族统治，曾发布禁令："庶民无职者不许取名，止以行第及父母年龄合计为名。"则变成了一种数字名，与单纯的表示排行序次命名又有所不同。

　　清人用数目命名的也很多。"八旗幼童，喜以数目命名，如七十二、八十三等名，多出于祖父母之纪年，因以为寿也。"（福格《听雨丛谈》）奕赓《清语人名译记》中也载有如得喜（四十）、尼音珠（六十）、那丹珠（七十）、扎昆珠（八十）、乌云珠（九十）等满语名字，这种命名以父母生子之年龄相加，作为儿女的乳名。比如父亲年二十四岁、母亲年二十二岁时得子，那么就将父母年龄加起来，合为四十六，给儿子取名"四六"。如果父年二十三、母年二十二，合为四十五，也可能给儿子取名"五九"，取两数之乘积以合父母年龄之和。另外，还有一种是取儿女出生时所称轻重的斤数命名。比如鲁迅小说《风波》就写到了这样一个习俗。小说中的九斤老太，生下来时称了九斤重，故名，她的儿子和儿媳妇生下来时只有七斤重，故称为"七斤"和"七斤嫂"，到了她的孙女儿时，更加每况愈下，只称得六斤，所以才惹得老太太不停地嘟囔："这真是一代不如一代！"

　　命名不仅是对个人的标志和区别，同时也是一定时代的文化反映，在个人的名字中也折射出时代精神和社会心理的光彩。

　　两汉特别是西汉时期，经济繁荣，国力强盛，整个社会充满雄阔宏大、蓬勃向上的气象，这种昂扬向上的社会心理反映在命名上，就出现了喜欢用"勇""超""雄""霸""彪""胜""武"等充满阳刚之气的字眼命名的现象。如班勇、班超、班彪、扬雄、法雄、黄霸、夏侯胜、苏武等。南北朝时张道陵的五斗米教盛行，上层贵族和文人莫不倾心，所以在命名上多用"之""道"等字眼，甚至父子不避同名，三、四代人名中都用"之"字。以琅琊王氏为例，就可以清楚地看出这一特点。六世有晏之、允之、羲之；七世有凝之、徽之、献之；八世有静之、裕之、弘之；九世有悦之、升之、唯之；十世有秀之、延之、舆之等等。本来，六朝士族大姓特别注重家讳，唯独对"之""道"等字毫不避讳，就此中可以窥出这种风气之烈。宋代人名字中多喜用"老"字、"叟"和"翁"字，如著《东京梦华录》的孟元老，南宋爱国词人刘辰翁等。这与当时社会优礼老人有关，这种表示成熟稳健、抒发悠游自得的心理影响到命名上，就形成了许多人都喜欢故作老气横秋之态的风尚。

命名还与所处的阶级和阶层有关。一般说来，统治阶级和贵族之家，因为是封建文化的专有者，所以在命名仪式和方法上也特别讲究，注意典故出处、独特别致和寓意深刻。而被统治阶级和市井细民们，由于文化水平很低，同时还有许多禁忌（如前面所引元代颁布的禁令，明确规定不准庶民无职者正式取名，只能用行第和父母年龄合计的数字命名）。缪荃荪《云自在龛随笔》

▲ 南宋词人刘辰翁

卷一记载："张士诚兄弟九四、九五、九六。元人微贱无名,以父母之年合呼之。"所以,他们的命名就特别俚俗单调,除了用数字外,就多用"郎""哥",女子则多用"娘""女"等仅能表现性别的字眼。我们读宋元话本和明清小说,看到下层群众和市民的名字,大多是店小二、卖油郎、郓哥、春哥、孙二娘、绣女等。在阶级社会中,统治者不仅占有生产资料和文化教育,而且专有某些观念和范畴,从命名上我们就可以清楚地看出这一点。

命名也与地域文化有关。如北方晋陕一带乡下,称男性儿童,多在排行后加"愣""锤""害""鞑子""蛋"等字眼,称女性儿童则多在排行后加一"女"字。江南一带多称男孩子为"囡",称女孩子为"丫"。岭南两广一带则多在儿童名字前加一"阿"字,这些都是受地域文化影响形成的习尚。

■ 现代如何起名

名字是人的代号,是识别个人身份的符号,不仅时时刻刻地使用,而且还默默地跟随我们的一生。名字是一个人身份的特定标志,是社会交往中不可缺少的特定元素。人人都想有一个响亮、大气、动听的名字,让人好记又好叫!

起名要结合多方面的因素,其原则与程序如下:

1. 根据人的性别及自身因素特点,设计最佳起名方案。

2. 把家里亲属的几代人的名字罗列出来,避免重名重字。

3. 起名用字一定要用最常用的字,易写、易读、易记,通俗易懂,一般不用生僻字,也避免重复用字。

4. 依照字形、字音、字义、喻意等仔细推敲所用之字和组合之字。

5. 最后再审核各个名字的真实喻意和内涵，这是重中之重，起名成败的关键所在。喻意远远超越了数理、五行等元素，是不可替代的高层理论。

6. 公司、商业还要结合行业特点来命名。

7. 无论是个人起名或公司、商业命名，都要以《新华字典》简体字笔画为准，不用繁体字。因为康熙字典的繁体字带有更多的先天原始的自然信息。

第二节　名和字的组合方式

　　名和字在不同时代有着不同的特征，我国先秦时代风尚质朴，命名取字多采用日常习见事物，很少夸饰，名字的组合方式，也不过数种。魏晋以后，文化积存日多，人们崇典雅，重华美，命名取字所涉及的范围日渐广泛，名字的组合方式也纷繁复杂起来。尤其到了明清，文人学士逞奇炫博，命名取字更是花样翻新。他们不但使典用事，还模仿先秦两汉，采用通假字，使名字组合方式不但繁复，而且曲折隐晦，不易识辨，"闻名知字""闻字知名"，一般人已很难做到了。

　　名字组合方式，如细加区分，可以概括为以下几种重要形式。

■ 同义组合

　　名与字为同义词，二者相为辅佐，互作解释。如：

　　（春秋）端木·赐，字子贡。

　　《尔雅·释诂》："贡，赐也。"

　　（唐）杜·甫，字子美。

　　《说文·用部》："甫，男子之美称也。"

　　（宋）欧阳·修，字永叔。

　　《广雅·释诂二》："修，长也。"

　　《说文·永部》："永，水长也。"

（宋）寇·准，字平仲。

《说文·水部》："准，平也。"

（清）王·引之，字伯申。

《广雅·释诂四》："引，申也。"

■ 反义组合

名与字为反义词，两者对立相应，各从反面作解。如：

（春秋）狄·黑，字皙。

《说文·白部》："皙，人色白也。"

黑、白相对。

（三国）吕·蒙，字子明。

《易·蒙卦》朱熹本义："蒙，昧也。物生之初，蒙昧未明也。"蒙昧即暗，与明相对。

（唐）孔·戢，字方举。

《尔雅·释诂》："戢，聚也。"聚即收敛。举为张开。左思《咏史诗》："习习笼中鸟，举翮触四隅。"收敛与张开对立。

（元）孔·思晦，字明道。

晦即暗，与明相对。

（明）娄·坚，字子柔。

坚硬与柔软相对。

■ 连类组合

义类相近，遂因甲而及乙。

（春秋）孟·侧，字之反。

反、一侧皆与移动程度及所占位置的角度有关,意义相近,故连类而及。

(三国)孙·策,字伯符。

策、符皆为信物,但形制、用途不一。

(晋)崔·豹,字正能。

《说文·豸部》:"豹,似虎,圆文。"《能部》:"能,熊属,足似鹿。"

豹、熊本为二物,但同为猛兽,故可相应。

(南齐)孔·稚圭,字德璋。

圭、璋同是古代玉制礼器,形制不同,用途亦异,但皆为诸侯所执,故可并称。

(明)仇·英,字实父。

英为花,实为果,开花而后结果,二者相连,所以相应。

连类相及本不复杂,但后世命名取字,文人学士却有意使它变得曲折深奥。如清代的张之洞就是一个明显的例证。张字香涛,是依《说文·水部》"洞,疾流也"取义的。疾流与波涛性相近,义相连,故相应。因佛经谓佛祖所居住的须弥山有香水之海环绕,所以用"香"字形容"涛",这就显得奇特了。他又字"香岩"。这自然是取岩洞义。岩石与洞穴皆同山有关,所以连类而及。因佛

家有"香严"一语，便假"岩"作"严"，明和"洞"相应，暗与佛相连。另外，"香岩"还可用来称美寺院所在的山陵。如唐·储光羲《京口题崇上人山亭》诗："清旦历香岩，岩径迂复直。"这样"香岩"与"洞"相关更密切了。张之洞原字"孝达"，这是同义相协。因"洞"有贯通、通彻意，所以可用"达"相应。《说文》"洞"段玉裁注云："引申为达。"

因性指实组合

万物各有属性，属性不同，名称也不同，功用也各异。但汉语中有不少同形词，符号是一个，但代表的却是几个词，多义词更是大量存在。命名时用字相同，实际上却不一定相同。它可能是同形词，或者是多义词，取字的时候，便须根据各自命名的主旨、用意，加以说明，坐实它的属性或功能。如：

（春秋）然·丹，字子革。

古人使用皮革、必以丹或漆涂抹，因以"革"实指"丹"乃朱色涂料，以与丹砂区别。

（汉）井·丹，字大春。

《说文·丹部》："丹，巴越之赤石也。"段玉裁注："丹者，石之精。故凡药物之精者曰丹。"《庄子·逍遥游》："上古有大椿者，以八千岁为春，八千岁为秋。"后以"大春"称长寿。以"大春"应"丹"，即谓"丹"是可以服食成仙和长生不老的丹药，不是朱红色的涂料。

▲ 曹雪芹像

（明）于·材，字国用。

以"国用"指明"材"乃有才能的人，不是木料。

（清）于·嗣登，字岱仙。

以"仙"应"登"，表示是用"登"的上升、升腾意，不是攀登意。并暗用苏轼《前赤壁赋》"羽化登仙"之意。古人以为仙人多住在名山中，岱为五岳之首，众山之长，故以"岱"饰"仙"。

（清）曹·霑，字雪芹。

《说文·雨部》："霑，雨染也。"又："染，濡也。"是雨水濡染物为霑。又："雪，冰雨说物者也。"段玉裁注："《释名》曰：'雪，绥也。水遇寒气而凝，绥绥然下也。'故许谓之冰雨。说，今之悦字。物无不喜雪者。"古人以雪易附着于物，是万物喜雪，故将沾濡者指实为雪。因苏辙《新春》诗有"佳人旋贴钗头胜，园父初挑雪底芹"之句，遂就"雪"缀以"芹"。

■ 景仰前贤组合

为了对前代的圣人、贤者表示仰慕，向他们看齐，于是就袭用他们的名字。袭用的方式方法是多种多样的。有的在名或字中加上师、景、希、若、次等字眼，有的则不加。因为用他的名字的本身就是敬仰，所以也就用不着再作什么表示了。下面举一些常见的袭用方式的例子。

（汉）司马·相如，字长卿。

《史记》本传说他"慕蔺相如之为人，

▲ 宋代周敦颐

更名相如"。因为蔺相如是赵国的上卿，所以用"长卿"为字。既表蔺相如的身份，也表示司马相如自己的愿望。

（晋）孔·严，字彭祖。

严彭祖是西汉人，治《公羊春秋》，廉正不阿，不事权贵。这是将他的姓名拆开做了名字。

（晋）刘·毅，字希乐。

这是拆战国军事家乐毅作为名字。

（唐）崔·黯，字直卿。

汉代汲黯以"好直谏"著称。这是以汲黯的名为名，以他的品德、事迹为字。"卿"既体现汲黯的身份，也是字的装饰字眼。

（唐）牛·僧孺，字师黯。

汲黯字长孺。这是以其字作名，以名为字。

（宋）许·仲宣，字希粲。

东汉王粲字仲宣，是著名文学家，为"建安七子"之一。这是将王粲的字为名，而以他的名作字。

（宋）张·唐英，字次功。

唐英，指唐代英国公徐勣（赐姓李，也称李勣），字懋功（也作茂功）。这是以李勣的朝代和封爵为名，将他的字为字。次，表示愿排在李勣的行列中。

（明）张·明道，字希程。

宋代理学家程颢，死后人们私谥为明道先生。这是取其谥号为名，将其姓为字。

（明）张·西铭，字希载。

宋理学家张载，曾著《西铭》，对后世有很大影响，因以其著作为名，而将他的名当作字。

（清）阎·若璩，字百诗。

三国应璩曾作《百一诗》讽谏大将军曹爽，有名于时。此取其著作为字，将他的名为名。

（清）邹·士随，字景何。

西汉辩士随何，普游说英布叛楚降汉，孤立了项羽，立下功勋。这是拆其姓名作名字。

（清）梁·文濂，字次周。

宋代周敦颐是宋理学家的开山祖，程颢、程颐都出自他的门下。他居住在濂溪，人们尊称他为濂溪先生。这是取其居处为名，将他的姓作字。

袭用方式不只这一些，我们不能一一举出。

■ 离析名字组合

利用汉字形体结构特点，将名所用之字拆为两字以作字，合字则成为名。例如：

（宋）谢·翱，字皋羽。

（宋）楼·璹，字寿玉。

（元）许·恕，字如心。

（元）许·舫，字方舟。

（明）章·敞，字尚文。

（清）林·佶，字吉人。

（清）舒·位，字立人。

（清）张·翚，字羽军。

这种名字组合方式，从形体上看，名与字的关系是一目了然的。至于意义上有无关联，那要看所拆的什么字了。如"恕"拆为如心后，和"恕"的意义还能沾边。儒家以"推己及人"为恕，如心可以解为"如其心"或"将己心比人心"。"位"拆为立人后，和"位"还可关联，位有安置于某处意，立人就是安置人于某处。《论语·雍也》有"夫仁者，己欲立而立人，己欲达而达人"的话。"立人"既联系了"位"，又表达了"仁者"的志向。其他如羽军、皋羽、尚文……和原来的名则毫无意义联系。

名字组合方式，不止上述12种，但常见而比较复杂的，大致可以都包容了，至如将名作字，以行第作字，就原名加代词"之"补足文意为字，等等，不须介绍就可了解，我们就不赘述了。

名字组合方式，既是代代相承，又是代代创新。后代继承了前代，上代又传递给下代，每经一个时代都多少添加上点东西，名字组合方式就逐渐丰富多样起来。每个时代都有各自的风尚、爱好，往往影响到名字。名字取材于什么和体现什么思想能显示时代风尚，就是同一种组合方式，因为所用的装饰字眼不同，也会同前代形成差异，把众多的不同之点集中起来，便看出了各个时代的名字特征。

■ 概括经义组合

自从西汉武帝，罢黜百家，独尊儒术，到了东汉时期，儒家的经典便成了家弦户诵，老幼皆习的课本了。人们有了这方面的知识，逐渐就用到命名取字上了。东汉末、三国时代，都有以经文为名字来源的。如蔡邕，字伯喈，就是取义于《诗·大雅·卷阿》"雝雝喈喈"。雝同邕。王允字子师，是取义《诗·周颂·酌》"实维尔公允师"。赵云字子龙，取义《易·乾卦》"云从龙，风从虎"。文钦字仲若，取义《书·尧典》"钦若昊天"。虞松字叔茂,取义《诗·小雅·天保》"如松柏之茂"。等等。唐宋而下,文人士大夫的名字,取自儒家经典的,触目皆是,不但如此,而且愈来愈曲折,愈来愈工巧,使人难以一下就可"闻名知字"或"闻字知名"了。先看下边的例证:

(三国)嵇·康,字叔夜

《诗·周颂·昊天有成命》:"成王不敢康,夙夜基命宥密。"

这是说成王虽然继承王位,但也丝毫不敢贪图安逸,仍是不敢懈怠,深夜操劳。嵇康,字叔夜。看上去是诉说安乐,而暗用夙夜不懈来否定安乐,只用一两个字点明,当时的文人一看便知,对我们而言却费解了。

(晋)邓·骞,字长真。

《诗·小雅·天保》:"如南山之寿,不骞不崩。"毛传:"骞,亏也。"《说文·匕部》:"真,仙人变形而登天也。"

用"真"来应"骞"可见是想成为与南山同寿的仙人,不崩塌,不亏损,永留人间。这和嵇康的名字同一手法。

(宋)晁·端友,字君成。

《孟子·离娄下》:"郑人使子濯孺子侵卫,卫使庾公之斯追之。子濯孺子曰:'今日我疾作,不可以执弓。吾死矣夫!'问其仆曰:'追我者谁也?'其仆曰:'庾公之斯也。'曰:'吾生矣。'其仆曰:'庾公之斯,卫之善射者也,夫子曰"吾生",何谓也?'曰:'庾公之斯,学射于尹公之他,尹公之他,学射于我。夫尹公之他,端人也,其取友必端矣。'庾公之斯至,曰:'夫子何为不执弓?'曰:'今日我疾作,不可以执弓。'曰:'小人学射于尹公之他,尹公之他学射于夫子。我不忍以夫子之道,反害夫子,虽然,今日之事,君事也,我不敢废。'抽矢叩轮,去其金,发乘矢而后反。"

名"端友"即用"其取友必端矣",字"君成",即取"今日之事,君事也,我不敢废",直至"发乘矢而后反",完成君命,强调庚公之斯不以私情废君命。

有的取经文为名字,不只用一处,有的则不只用一书,如:

(宋)陆·九叙,字子仪。

《书·大禹谟》:"九功惟敏,九敏惟歌。"又《益稷》:"箫韶九成,凤凰来仪。"

(宋)苏·易简,字太简。

《易·系辞上》:"易简而天下之理得矣。"《论语·雍也》:"居简而行简,无乃太简乎?"

明清文人取经文为名字,甚至有不顾文意强加捏合的。如清代张安茂,字蓼匪。这是取《诗·周颂·良耜》。其镈斯赵,以薅荼蓼;荼蓼朽止,黍稷茂止"文意的。以"蓼"应"茂",是谓除去荼蓼诸杂草,黍稷等作物便生长茂盛了。但无端在"蓼"后缀上一个"匪"字,这就不免离奇了,甚至可以说是惊世骇俗。原来这是因为《诗·小雅·蓼莪》有"蓼蓼者莪,匪莪伊蒿"一语,便就"蓼"把"匪"拉了过来。这个"匪"是"非",并不是后世的"盗匪"。不过《良耜》的"蓼"和《蓼莪》中的"蓼"却不是一回事。前者是名词,一种杂草,后者是形容词,高大的样子。这种牵合毫无道理。全是为了炫耀自己的学识,哗众取宠。

号和字的区别

　　字须和名有意义上的联系。这是常规，至如先秦西汉有以行第字作字的，到底是少数，应是变格。号和名以无意义上的联系为常格，而以有意义上的联系为变格。清代人的别号，有的似字。女珏冯锡镛字鸣虞，号侣笙，镛是乐器，钟的一种。笙也是乐器，笙、镛同类相应。又如黄绘字子章，号太素。《论语·八佾》："绘事后素。"素、绘亦相协。又如朱凤标字桐轩，号建霞。这是用孙绰《游天台山赋》"赤城霞起而建标"之意。

　　号不必与名有意义上的联系，它和字的区别就在于此；如果同名有了意义联系，那也不为过。这和律诗首联不要求对仗一样，诗人如有本事用对仗，那也很好。把没要求作的作了，可以；要求作的，没有作，不可以。许多书介绍一个人的时候，常把同名不协的号当作了字，就不应该。如说曹雪芹的祖父曹寅字楝亭，这不对。曹寅的字是子清，是取《书·舜典》"夙夜惟寅，直哉惟清"语典。楝亭和"寅"风马牛不相及。他在织造局任所时，园中种有楝树，建亭子叫楝亭，所以自号楝亭。他曾有《题楝亭夜话图》诗和《楝亭留别》诗，这足以证明楝亭是号。又如，说清人沈凤字补萝，号凡民，这也不对，补萝和名不协，应该是号，凡民才是字。用"凡民"应"凤"，是用《世说新语·任诞》吕安访嵇康的故事。嵇康当时不在，其兄嵇喜在门外迎候，吕安未进入，在门上题"凤"字便离去了。这是讥刺嵇喜是凡鸟。凤，繁体字是"鳳"，拆开为凡鸟。文人好奇，并表示自谦，所取了这么一个名字，表示自己乃是个极平凡的人。因为号与字有此区别，所以我们可以用它来区别历史人物的字和号，不错用，不乱说。

第四章
古人的字号文化

在古代，名与字也是有区别的，名是"自纪自称"的，字则是在成人礼时所获得的新命名，是让别人称呼的。古人还有所谓的"号"，包括自号、别号、法号、道号、室号、绰号、谥号等等，也是现代人所没有的。

第一节 字及其分类

■ 字的基本含义

古人除名之外,还有"字"。所谓的"字"就是男子在冠礼、女子在笄礼上所获得的新命名。《礼记·檀弓》篇中说:

"幼名,冠字,五十以伯仲。"疏曰:"人始生三月而加名,故云幼名,年二十有为人父之道,朋友等类不可复呼其名,故冠而加字,年至五十耆艾转尊,又舍其二十之字,直以伯仲别之。"冠礼是男子在20岁时所举行的一项非常隆重的仪式,古人认为男子20岁时生理发育、思想性格都已成熟,可以离开家族独立生活,开辟自己的天地。所以,冠礼实际上是男子成年的标志。

据《礼记·冠义》"重冠故行之于庙,行之于庙者,所以尊重事"知,冠礼一般是在祖庙(士冠于祢庙,诸侯冠于太祖之庙,天子冠于始祖之

▲ 古代人冠礼

庙）之中举行的。亲自主持这一仪式的，是受冠者的父亲。古人的冠礼大致有以下三个步骤：

第一，卜筮。指在举行仪式前，对冠礼的日期和来宾进行卜筮。卜筮的地点也在祖庙。

第二，挽髻。就是将受冠者的头发束于头顶挽成发髻。这项工作，大多由参加冠礼的来宾去做。

第三，加冠。由来宾中有威望的人给冠身戴冠。首先，要加缁布冠。其次，加皮弁冠。最后加爵弁冠。这是士人冠礼的主要内容。

在冠礼上，习惯上还有一个新的命名仪式，一般由来宾据名而题取相应的字，题字者还当众大声念祝辞道："礼仪既备，令月吉日，昭告尔字。爰字孔嘉，髦士攸宜，宜之于假，永受保之。"（《仪礼》）

女子的笄礼一般是在15岁左右许嫁前夕举行。这表示该女也已成年，可以"自家而出"嫁到夫家，"宜其家室"了。古人认为，"嫁"的意思就是从父母家转到丈夫家。未嫁之前，女子以父母为家，既嫁之后，就以丈夫为家。因此，"嫁"不是离开而是被称作"归"，就是说女子找到夫家才算有了最后的归宿。所以，女子的名与字具有不同的意义。名是由父母在初生时所取，是她作为父母家成员的标志，字则表明她将要成为夫家的成员。因而，在既嫁之后，就只能称字而不能再称名了。

在冠礼和笄礼上获得的新命名，是男女青年成人的标志。《礼记·冠义》上说："已冠而字之，成人之道也。"有了这个新命名，青年就可以在社交场合上使用，同辈之间、同僚之间，就不能再称呼幼小之名了。

■ 字和名的联系

名和字既有区别，又有联系。名是幼小卑贱之称，而字则是成年人的正式称号。"古者名以正体，字以表德"（颜之推《颜氏家训》），所以字又叫"表字"。"古称孩而名之，冠而字之。盖以名者义之制，字者名之饰，先民之论其亦多矣。故吐情自纪，名以示谦；均体相称，字以为重。"（《册府元龟》）这是两者相区别之处。另一方面，"字则展名取同义"（王充《论衡·诘术篇》），"人生幼而有名，冠而为之字。名字者，一言之殊号。名不可二，挚乳最多谓之字。"（章炳麟《国故论衡》）说明字实际上是用同义词对名的转述和进一步解释，名和字存在着非常密切的语义联系，这种联系或显或隐，或直接或间接，通过对命名的文化背景的研究，大多能寻找出语义间的关联性。例如：孔子有弟子名宰予，字子我；名端木赐，字子贡；名冉耕，字伯牛；名卜商，字子夏。屈原，名平，字原。（《尔雅·释地》："广平曰原。"）元代著名的散曲作家张养浩，字希孟，名与字也是互相解释的。他的名实际上用《孟子·公孙丑上》"我善养吾浩然之气"句意，表示希冀和仰慕孟子"至大至刚""充塞天地"的凛然正气和高尚人格，所以字叫作"希孟"。

还有一些古人的名和字由于词义的变迁，现在已不容易看出它们之间的意义联系，但如仔细研究，还是能找出一些共同点的。例如孔子，名丘，字仲尼。根据《史记·孔子世家》记载，孔子的父亲叔梁纥和母亲颜氏曾"祷于尼丘（山名，即今山东曲阜东南的尼山）"，遂生孔子，因此名丘，字仲尼。他的弟子颜回，字子渊，（《说文》："渊，回水也。"回水是指旋转的水。）樊须，字子迟。（古代"须"和"迟"

都有等待的意思。）这些联系都比较曲折隐蔽了。

清代著名学者王引之在《春秋名字解诂》中指出名与字存在着"五体六例"的联系。五体分别是指：同训、对文、连类、指实、辨物。"同训"，谓名和字同义互训，可以相互解释。例如前面所举宰予字子我，"予"和"我"都是第一人称代词，"对文"，是指名与字是反义词。例如孔子有一弟子名曾点，字皙。点是指小黑痣，而皙是指人脸上洁白无瑕，反义相训。另如楚公子黑肱、郑公孙黑，也都字子皙。南宋有一位写过《碧鸡漫志》的王灼，有人说他字海叔，也有人认为当作"晦叔"，究竟哪一种看法正确呢？根据名字对文反训的原理，我们以为作"晦叔"有道理："连类"是指名和字在字义上隐含着某种联系，或是字义部分重合，或是用法有某一种一致性。如鲁国的南宫括字子容，"括"与"容"都有"包纳"的意思，在这一点上，两词的意义是相重合的。又如鲁国的孟之侧字反，"反侧"一语出自《诗·周南·关雎》，"悠哉悠哉，辗转反侧"，作为动词意义基本相同，"指实"是说名和字虚实相生，动静配合，互为联系。如前举孔子弟子冉耕字伯牛，牛是静物，耕是动作，齐公子固字子城，由城墙的形象联想到牢固的性质，《论语·季氏篇》中有"今夫颛臾，固而近于费"之句，其中"固"字，就是指城池的坚固，"辨物"是说名与字是部分同整体的关系。如孔

▲ 张养浩像

子的儿子名鲤字伯鱼，鲤是鱼这个类概念中的一个子概念。

先秦时期，贵族之家的"字"还要包括表示排行的伯、仲、叔、季等。长子称伯（庶长子另称为孟），次子称仲，以下称叔，幼子称季。例如：

伯禽　仲尼　叔向　季路

有时候在男子字的后面再系一"父"字或"甫"字，女子字的后面再系一"母"字，表示业已成人，可以做父母了。完整的字的形式是"伯×父""仲×母"这样式。例如：

伯禽父　仲山甫　仲尼父　叔兴父

女子字的前面还要加姓，姓的前面还要加表示排行的孟仲叔季，这样女子字的全称就变成：排行＋姓＋字＋母。例如：

孟妊车母　仲姞义母

汉代以来，人们除了沿用传统的排行法外，还出现了一些新的表示排行次序的字，如：

元。元有大、始的意思，所以一般用作长子、长女的名字。如东汉陈纪字元方，弟谌，字季云；晋代桓彝的长子桓温字元子。《红楼梦》中贾宝玉的大姐字元春。

长。长字也有大、始的意思，所以同"元"字一样，用于长子。如西汉著名辞赋家司马相如字长卿，西汉末年孔子的后裔孔均字长平；晋代王导的长子王悦字长豫。《史记》的作者司马迁，字子长，虽然史乘对他究竟在家中行次为几语焉不详，但我们根据名字互训的原理，推断他为司马谈的长子，当无大错。

次。次有第二或下一位的意思，用于排行，同仲相似。如东汉时期祭遵字弟孙，他的从弟祭肜字次孙。

幼。幼有小、末的意思，常用于末子或幼子的名字。如：东汉末年的孙坚字文台，他的小弟弟孙静即幼台；三国时司马防的小儿子司马敏，字幼达；晋代谢安的哥哥谢奕有3子，小儿子谢玄即字幼度；南宋著名爱国词人辛弃疾字幼安，可能也是家中行辈较低者。

稚。与幼同义，也用于幼子或行辈较低者。如三国时的夏侯渊有5子，少子惠字稚权；晋代思想家葛洪亦为幼子，故字稚川。

少。与幼、稚同，用于末子。如东汉的许荆为幼子，故字少张；任安字少卿、董宣字少平；贡禹字少翁，可能都是幼子。

春秋战国时期，男子取字最常见的方式就是在字的前面加"子"字，这是由于"子"是男子的尊称。例如：

子渊（颜回）　　　子有（冉求）

子牛（司马耕）　　子夏（卜商）

子我（宰予）　　　子贡（端木赐）

子产（公孙侨）　　子犯（狐偃）

子胥（伍员）

兼举名字

在先秦时期，名和字连着说的时候，一般要先称字，后称名。例如：

季（字）友（名）　　孟明（字）视（名）

孔父（字）嘉（名）　叔梁（字）纥（名）

汉代以后，则变为先称名后称字。例如曹丕《典论·论文》中便有："今之文人，鲁国孔融（名）文举（字）、广陵陈琳（名）孔璋（字）、山阳王粲（名）仲宣（字）、北海徐幹（名）伟长（字）、陈留阮瑀（名）元瑜（字）、汝南应场（名）德琏（字）、东平刘桢（名）公干（字）。"

王安石《游褒禅山记》中也有。

▲ 东晋书法家王羲之

"四人者,庐陵萧君圭（名）君玉（字），长乐王回（名）深父（字）、余弟安国（名）、平父（字）、安上（名）纯父（字）。"

封建的尊卑等级观念也渗透在名字的称谓中。过去尊长者对卑下者一般称呼名，卑下者自称也称名，卑下者对平辈或尊辈则不能称名，只能称字。这是一般的通例。但也有例外情况，有时卑下者也自称字。例如王羲之在《敬谢帖》中自称"王逸少白"，唐代的权德舆在《答杨湖南书》中自称"载之再拜"，白居易《与元九书》称"乐天再拜"，元稹作《白氏长庆集序》自书曰："微之之序。"

有时君上对臣下也称字。据顾炎武考证，晋代以后人主对臣下多不呼名。蔡撙为梁吏部尚书侍中，有一次，梁武帝曾设饼宴招待诸大臣，蔡撙也列席。武帝频频呼唤蔡撙的姓名，蔡撙竟不答，食饼如故。武帝知道他因称名而不高兴，于是改称蔡尚书，蔡撙这才起身执笏答应。武帝便问："你刚才还好像聋子似的，现在为什么如此敏捷？"蔡撙回答说："我好赖也算是贵戚，并且职在纳言，陛下不应如此轻慢地以名呼唤。"武帝听后面有惭色。（《日知录》卷二十三引）另如，北魏的王昕对汝南王悦自称"元景"，北齐的祖珽对长广王湛自称"孝徵"，隋时崔颐答豫章王启时自称"祖濬"，王贞答齐王暕启时自称

"孝逸"。唐太宗时，封伦、房乔、高俭、尉迟恭等，并以字为名，这是因为君主常称臣下之字的缘故。"其时堂陛之间，未甚阔绝君臣，而有朋友之义，后世所不能及也。"（《日知录》卷二十三）从呼名还是称字这一细节，也能略窥出君臣之间的人际关系究竟是和谐默契还是对立紧张。

第二节　号及其分类

■ 号的基本含义

号是古代对人的称谓，除了名字之外，另起的别称。号的情况也比较复杂，大致可以分为自号、别号、法号、道号、室号、绰号、谥号、称地望、称官爵、称行第等几类情况。关于号的性质，《释名》中曾解释说。"号，呼也，以其善恶呼名之也。"《周礼·春官·大祝》"辨六号"注："号为尊其名更为美称焉"。说明号本来是指公众对某人评价的称呼，这种评价多涉及道德上的善恶和行为上的美丑。关于号产生的时间，顾炎武曾这样总结道：

"自夏以前，纯乎质，故帝王有名而无号，自商以下，浸乎文，故有名有号，而德之盛者有谥，以美之。于是周公因而制谥，自天子达于卿大夫，美恶皆有谥，而十干之号不立。然王季以下不追谥，犹用商人礼焉，此文质之中而臣子之义也。"（《日知录》）卷二）顾氏认为号产生于殷商以后，对"德之盛者"则加谥以赞美，周公制谥后，上自天子下到卿大夫都有谥，谥可分为美恶两类。这些看法基本上是正确的。

■ 号的六大类别

号有很多类别，下面具体介绍六大类别：

1. 自号

自号一般是由自己拟定的，它与名字不一定存在语义上的联系，但往往能透露出主人的志趣理想和人生态度，特别是一些知识分子和诗人作家，愤世嫉俗，特立独行，在自号上也能表现出来。

例如东晋时期的大诗人陶渊明，自号五柳先生，并曾作传以自况。

清代大画家、"扬州八怪"之一的郑板桥，原名郑燮，号板桥，《红楼梦》的作者曹雪芹，原名曹霑，号雪芹，都在别号中寄寓了他们高洁的理想和情趣，以至于后来人只记得他们的名号，真正叫什么却很少人知道。

自号字数多少没有明确限制，可以是3个字，如晚唐诗人李商隐号玉溪生，也可以是4个字，如"某某居士""某某道人"居多。

两个字的号最为常见，其中又多以山、陵、湖、川、谷、村、翁、斋、庵等字构成。如欧阳修号醉翁，王安石号半山，杜甫号少陵等。

有些人甚至以号行天下，而名和字竟至于失传了。如章回小说《水浒传》的作者施耐庵，耐庵可能就是他的号，而名和字以及生平事迹旧籍记载绝少，已不可考。写《金瓶梅》的作者兰陵笑笑生，评《红楼梦》的脂砚斋，都已无法考知他们的姓、名、字了。

有些人的号非常奇异古怪，如果参以生平事迹，仔细研究，可以见出命号者的思想信仰、学识才情、经历遭遇。如元代姜思周号花酒头陀，丁祐号有发僧，明代徐树丕号活埋庵道

▲ 施耐庵像

人，表现出作号者内有隐衷，情多愤激。明代唐寅号江南第一风流才子，又号普救寺婚姻案主者，表现出命号者放荡不羁、自由解放的异端思想。清代僧人成果号"万里行脚僧，小浮山长，统理天下名山风月事，兼理仙鹤粮饷，不醒乡侯"，则是通过模拟别号的方式，宣泄玩世不恭的情绪，堪称是一篇人物思想录。萧遥天先生曾经说："一个人往往拥有百数十个的号，这也是中华知识分子特有的名字艺术。把一个喜立别号的人的此类艺术静心欣赏，是一篇精简的自叙传，凡志趣、寄托、才调、业绩、癖好、居室、收藏、形貌，多可窥其大概，甚至心坎深处的隐衷，也自此处流露。他们多好以隐逸自高，渔樵自乐，托名于斋堂园墅，遁迹于湖海山川。其弊则常见高倨庙堂，犹号川人居士；混迹市井，自道林隐真逸；饮酒食肉，也称道人和尚，颐指气使，署款钓徒樵夫……"（《中国人名的研究》）

自号是中国人命名的一大特色，西方人称谓中偶尔也能见到有别名、艺名、笔名和绰号等，但那只是极个别的，不像中国人那样普遍。在古代诗文笔记中提到某些作家和文人时，经常不称名字，直呼别号，所以掌握一些自号和别号的知识对我们读古籍也很有帮助。

2. 室号

与自号相联系的还有室号。室号本是贵族豪绅及文人墨客对其居住之所或者亭堂楼阁的题名，但有时候也可以作别号称呼，或者加上"先生""主人"等字眼后作别号用。如明代毛晋就自称为"汲古阁主人"。

室号的产生与魏晋南北朝以来贵族文士喜欢在风景优美之地建筑园林别墅有关，新修建了园林别墅就必须给这一景物题一个名字。后来则进一步扩展到给住所也题取名字，过去农村许多富户人家的门口都有题名匾额，写一些吉利话，后面则加上"居""斋""堂""园""楼"

等字,今陕西韩城一带仍然保留着这样的遗风。唐代已大量出现题写室名楼号的,著名的有杜甫在成都郊外的浣花溪草堂。王维买到宋之问的蓝田辋川别业后,对各个风景观光点都进行了修葺,并一一给题上名。宋元以来,文人们感到仕途经济不易成功,于是纷纷躲到居所,或钟情山水,或寄意于金石书画,或大量创作,或潜心搜集整理,借以消遣行乐,所以在室名上也表现出他们的志趣和爱好。下面分为斋、堂、楼、阁来介绍。

以斋命室者特别多,如朱国盛的拜石斋、唐树义的梦砎斋、施邦彦的点易斋、陆增祥的百砖砚斋、陈均的十三汉镜斋、叶昌炽的五白经幢斋、周德馨的千镜万泉斋等。宋代大书法家米芾藏有王羲之、谢安等人的书法真迹,又有一方王羲之用过的古砚,因此题其居所为宝晋斋。周春购到宋刻陶渊明诗集和礼书,辟室专藏,秘不示人,题其居为礼陶斋,后二书相继售出,故又将室名改为梦陶斋。清代赵之谦家中蓄养千鹤,故自号为仰视千七百二十九鹤斋,仿佛一养殖场。

以室题写居所者有章塝的5万卷藏书室、朱鸿训的周篆秦碑汉瓦室、潘正亭的周朿兄簋唐曲江碑宋双砚三长物室,简直成了文物陈列展览室了。

以楼命室者有廖凤征的玩剑楼、丁国典的八千卷楼、陆心源的皕宋楼、王宗炎和胡凤丹的十万卷楼、潘仕成的周敦商彝秦镜汉剑唐琴宋元明书画墨迹长物之楼,

▲ 杜甫的浣花溪草堂

则几近于书库和杂货铺了。

另外以堂命室者,如清乾隆皇帝喜欢收藏书法作品,其中以王羲之、王徽之、王珣的3件墨迹为稀世珍品,宝爱异常,故题其堂为三希堂。宋代的蒋璨和清代的周庆云都仰慕苏东坡的文采风流和道德文章,故分别名其室为景坡堂、梦坡堂。

3. 绰号

所谓绰号,就是抓取人物特征起的名号。最初只叫"号",后来叫"浑名"。

绰号也是古已有之的,太早的难以稽考了。拿《史记》来说,这里边的"卿子冠军""飞将军""苍鹰",就应该说是绰号了。如果同后代的"急先锋""双枪将""扑天雕"相比,毫无两样。也许春秋战国时代就有了,但同政事无关的,史书不载,我们就不便推测了。不过,像战国时代国君的亲属,功臣名将,很多都有封号,像孟尝君,马服君,望诸君,等等,难免不给绰号以影响。

汉末三国,起绰号的多起来,《三国志·魏志·张燕传》说"燕剽捍捷速过人,故军中号曰'飞燕'。"张燕原是黄巾军,属于黑山一部。他的合作者叫张牛角,其他人有叫黄龙的,有叫白爵(即雀)的,有叫雷公的,有叫羝根的,大约都是绰号。裴松之注引《典略》对其中一些名字作了解释:

黑山、黄巾诸帅,本非冠盖,自相号字。谓骑白马者为张白马,谓轻捷者为张飞燕,谓声大者为张雷公,其饶须者则自称于羝根,其眼大者自称李大目。

从《典略》的解说来看,这都是绰号,只不过是当时无绰号之名罢了。

绰号不只行于民间,士大夫中也有起绰号的。《隋唐嘉话》和《朝野佥载》等笔记，就记载了不少唐人的绰号，如李守素精于势家大族的谱系，人们称他为"肉谱"，虞世南改称他"人物志"。唐太宗因虞世南学识渊博，称他为"行秘书"。这是雅一些的。还有俗的。如《朝野佥载》记酷吏周兴，严酷残忍，人称他"牛首阿婆"。牛首阿婆就是后代说的牛头阿旁，佛家讲的地狱里的恶鬼。苏征举止轻浮躁动，被称为"失孔老鼠"（找不着洞的老鼠），王熊糊潦贪婪，被称为"王癫獭"。这些都极形象生动。

唐代俗文学中有说话一种，这就是后来的说评书。发展到宋代，形成了好多专业门类。其中有专说"杆棒""朴刀"的，内容都是英雄好汉争斗拼杀的故事，南宋已有说水浒梁山故事的了。说话人为了人物生动形象，都给这些好汉起了绰号，经过文人的加工，现在的《水浒传》中的一百单八个英雄，每人都有一个符合身份的绰号。从此武侠小说中的人物，没有一个没有绰号的，后世绰号就成了擅长技击者的"专用品"了。

绰号是一种品评方式。它体现了们对一个人的看法，表现了人们的褒贬和爱憎。根据感情色彩的不同，我们可把绰号分为四类。

褒扬称美

西汉李广被称为"飞将军"，南朝梁任昉被称为"五经笥"，《水浒》宋江被称为"及时雨"，花荣被称为"小李广"，吴用被称"智多星"，都属于这一类。

讽嘲讥刺

唐苏征被称为"失孔老鼠"，张元一肚大腿短，缩颈凸眼，被称为"逆流虾蟆"，卢怀慎好两眼盯地上，被称为"觑鼠猫儿"，都属此类。

憎恶诅咒

西汉严延年判案好杀,被称为"屠伯",唐周兴被称为"牛首阿婆",李全交被称为"人头罗刹",王旭被称为"鬼面夜叉",后世的活阎王、笑面虎、南霸天、花花太岁等,都属此类。

客观形容

这一类属中性色彩。有时须据具体人物而定,它本身无感情色彩可言。如《水浒》中独角兽,菜园子,金眼彪,打虎将,锦豹子,金钱豹子,出洞蛟,玉幡竿,等等,都属这一类。

取绰号的根据,大致可分为六类,我们以《水浒》人物为例,罗列于下:

品德

宋江仗义疏财,济人危困,被称为"及时雨"。石秀路见不平,拔刀相助,不顾利害,被称为"拚命三郎"。裴宣当孔目,执法不阿,被称为"铁面孔目"。

才智

吴用足智多谋,料事如神,被称为"智多星"。公孙胜通法术,精阵法,被称为"入云龙"。

技艺

张清擅长以石子打人,被称为"没羽箭"。张顺深通水性,被称为"浪里白条",金大坚精于篆刻,被称为"玉臂将"。

性格

秦明性如烈火,被称为"霹雳火"。顾大嫂泼辣凶猛,被称为"母大虫"老虎哺乳期最凶猛。孙二娘凶悍好杀,被称为"母夜叉"。

形貌

王英身矬腿短,被称为"矮脚虎"。杨志面有青痣,被称为"青面兽"。朱仝生有一部好胡须，被称为"美髯公"。

职业

曹正为屠户出身，被称为"操刀鬼"。张横以撑船为业，被称为"船火儿"。武松当了行者，被称为"行者"。

综合

李逵面黑，性粗鲁刚烈。勇猛异常，被称为"黑旋风"。索超性情暴躁，弓马娴熟，被称为"急先锋"。

取绰号的手法，可以概括为三种。仍以《水浒》人物为例，列举如下：

比喻

这一类最为常见。如及时雨，玉麒麟，鼓上蚤，混江龙，两头蛇，病尉迟，扑天雕，等等。

形容

神算子，摸着天，短命二郎，神行太保，豹子头，一丈青，等等。

写实

大刀关胜，双鞭呼延灼，金枪手徐宁，九纹龙史进（身上刺有九条龙），镇三山黄信，轰天雷凌振，紫髯伯皇甫端，等等。

4. 谥号

古代帝王、诸侯、高官大臣死后，朝廷按照本阶级的道德标准，根据他们的生平行为和表现，另外起一个称号，这便是谥号。给予授谥的活动叫作加谥。加谥的具体标准和规定叫谥法。

一般认为，谥号产生于商代，当时只有最高统治者有谥。周公制礼作乐，对谥法也作了进一步的规定，上自天子下至卿大夫都可以有谥，谥的内容可以分为美、恶两类，以此来表示对死者一生功过的褒贬评价，"使有德则谥善，无德则谥恶，大行受大名，细行受细名。"（《通志·谥略》）谥者行之迹，号者功之表。行出于己，名生于人。

我们认为谥的本质和目的，是基于对死者名字的禁忌和法术功能，是为了避免提起死者的名字、招致鬼魂闻名而返，对活人作祟，所以另行起的一个新称谓。郑樵《通志·谥略》中说：

"周人卒哭而讳，将葬而谥，有讳则有谥，无讳则无谥。"

将谥与避讳联系起来，认为凡属需要禁忌避讳者，才有必要加谥，而那些不必禁忌避讳的村夫野人、市井细民，则不必在死后追谥。可以进一步佐证我们所言并非虚谈空论，而是有一定的根据的。

关于谥法，郑樵《通志·谥略》中分为3类。分别是：上谥法。有"神、圣、贤、文、武、成、康、献、懿、元"等121字。中谥法。有"怀、悼、愍、哀、隐、幽、冲、夷、惧、息"等14字。下谥法。有"野、夸、躁、伐、荒、炀、戾、刺、虚、荡"等65字。

郑樵所说的上谥法，一般"用之君亲焉，用之君子焉"，实际上是带褒义表扬的谥字，具体的每个字都还有解释。

谥号本来是褒贬善恶的，按理说应该是死者生前事迹和品德的盖棺论定，但实际上并非如此，有些是根据封建统治阶级的需要而定的，所以可能与谥主的生前表现完全不符，甚至是非常虚伪的。例如南宋的大奸相、大卖国贼秦桧死后就被宋高宗谥为"忠献"，一直到宋宁宗时，在朝野人士强烈要求之下，才改谥为"缪丑"。

除了封建朝廷的加谥外，还有一种私谥。这是指有声望的学者和知名人士在死后由其亲友们所加的谥号。私谥最早见于春秋时期。柳下惠本姓展名禽字季，居住于柳下，尝仕鲁为士师，三黜而不去，人问之，他回答道："直道而事人，焉往而不三黜；枉道而事人，何必去父母之邦？"卒后，门徒将诔之，他的妻子说："夫子之德，二三子不如妾知也。"于是谥为"惠"，故后人多称其为柳下惠。又如东汉时期的太学士陈寔死后，前来吊唁者有3万多人，谥为文范先生；东晋著名诗人、大隐士陶渊明死后，颜延年为他作诔，谥为靖节征士；隋代哲学家王通死后，门人私谥为文中子；北宋文学家黄庭坚死后，门人谥为文节先生；北宋哲学家张载死后，门人谥为明诚夫子。

5. 庙号

封建皇帝除了称谥号外，还可以称庙号。

所谓庙号本是指帝王死后，在太庙立室奉祀，并追尊以某祖、某宗的名号。一般来说，每个朝代的第一个皇帝多被称为太祖、高祖或世祖，以后的嗣君则称为太宗、世宗等。庙号始于殷代，太甲被称为太宗，太戊被称为中宗，武丁被称为高宗。

汉代承袭殷制，惠帝追尊高帝庙为太祖庙，景帝追尊孝文帝庙为太宗庙，宣帝追尊武帝庙为世宗庙。所以汉高祖的全号是太祖高皇帝，汉文帝的全号是太宗孝文皇帝，汉武帝的全号是世宗孝武皇帝。

6. 尊号

尊号是尊崇皇帝和皇后的称号，这是生前奉上的。据《史记·秦本纪》秦始皇二十六年记载："臣等谨与博士议曰：古有天皇，有地皇，有泰皇。泰皇最贵。臣等昧死上尊号，王为'泰皇'。"王力先生据司马光《请不受尊号劄子》考证说："尊号起于唐武后中宗之世。"（《古代汉语》

▲ 武则天像

下册）看来是不确切的。后来一般嗣位的新皇帝尊前皇帝为太上皇，尊前皇后为皇太后，也都属尊号。唐代以来，尊号越变越长，例如武则天受尊号为圣神皇帝、中宗为应天神龙皇帝、玄宗为开元神文圣武皇帝、宋太祖为应天广运仁圣文武至德皇帝。尊号有时甚至可以连续给一个人上几次，但都是封建文人的阿谀奉承之辞，没有什么意义。此处只是作为与称号有关的典章制度给大家提示一下。

与尊号相关的还有所谓的追尊先祖、封赠三代之类的情况，这是指继位的后代君主或后世子孙对先世祖先进行缅怀悼念的一种方式，也是封建时代的一种礼仪。秦始皇登基后，就曾追尊庄襄王为太上皇。赵匡胤开国，就追尊高祖为文献皇帝，追尊曾祖为惠元皇帝，祖为简恭皇帝，父为武昭皇帝。越到后代，追尊的称号越长，而且不光君王，就连贵族大臣也可以追尊和封赠自己的祖先。如吴充在欧阳修的《行状》中就首列欧阳修的职衔标目："推诚保德崇仁翊戴功臣观文殿学士特进太子少师致仕上柱国乐安郡开国公食邑四千三百户食实封一千二百户赠太子太师"，然后又叙其世系祖考："曾祖彬，累赠金紫光禄大夫太师中书令；祖偃，累赠金紫光禄大夫太师中书令兼尚书令；父观皇，任泰州军事判官，累赠金紫光禄大夫太师中书令兼尚书令追封郑国公。"这种荣誉称号头衔，有时甚至多达几百字，洋洋洒洒，颇为气派。

古代的谥号"文正"

在中国历史上,宋代以后,有一种现象,文官都渴望得到一个谥号——文正。这个谥号是不能轻易得到的,一定要受到当时文人的敬仰,当时的统治者才会将这个谥号给他,如历史上的范仲淹、曾国藩。

1. 东晋时期

从谥法上讲,"文"这个字并没有固定的配合字,单谥一个"文"字。东晋的王导,谥号文献,是整个东晋唯一有这个谥号的人。

2. 唐朝时期

到了唐朝时期,有了文贞谥号,像魏征、陆象先、宋璟等人得到了文贞的谥号。

3. 北宋时期

北宋初年,沿承唐风,文臣依旧被谥为文贞。到了宋仁宗的时候,因为宋仁宗叫赵祯,为了避讳,文贞才改为文正。到了夏竦被拟定要谥为文正的时候,司马光提出了:"文正是谥之极美,无以复加。"司马光认为文是道德博闻,正是靖共其位,是文人道德的极致。自此以后,大家都认为文正是人臣极美的谥号。宋朝有文正谥号的人有李昉、范仲淹、司马光、王旦、王曾、蔡卞、黄中庸、郑居中、蔡沈等九名。

▲ 刘统勋像

4. 元朝时期

元朝得到文正这个谥号的有吴澄、耶律楚材、刘秉忠、许衡、廉希宪。

5. 明朝时期

李东阳是明武宗时的大学士，在他快要死的时候，大学士杨一清来看他，见到李东阳为谥号担忧，杨一清表示，死后给他文正谥号。李东阳为了感激竟然在病床上磕起头来。因为李杨二人私交很好，旁人作诗讽刺："文正从来谥范王，如今文正却难当。大风吹到梧桐树，自有旁人说短长。"明朝的方孝孺、李东阳、谢迁、倪元璐得到文正这个谥号。方孝孺因拒燕王草即帝位诏之命而被杀，福王时追谥文正。

6. 清朝时期

清朝时期，得到文正谥号的有八人：汤斌、刘统勋、朱珪、曹振镛、杜受田、曾国藩、李鸿藻、孙家鼐。但，其中对曹振镛的谥号，后人一直议论纷纷，争执不休。不过汤斌的谥号是死后50年才获封的，当时"文字狱"酷烈，乾隆以汤斌为对象，意思再明白不过，就是只有归随我大清的文人，其文才"正"。否则，像吕留良一样，其文就是歪的，就要被杀头戮尸。从这个意义上说，这一时期的"文正"对汉族知识分子是带有明显奴化性质的。因此，乾隆谥汤斌的用意很明显，是为了达到收拢汉人的政治目的。用邹容的说法，"人中虽贤"者，不过是"驯静奴隶"也。汤斌死后，其墓志铭都是由层次和级别低的平民儒者撰写，根本不符合御祭御葬的体例。显然，谥汤斌的文正是统治者的政治需要。

刘统勋是死后直接谥文正。曾国藩的功劳的确大，但是当时清朝的情况，有个激励的意思在里面。至于李鸿章的身份是帝师，从他之后，凡是帝师皆有谥文正的可能。在之后谥文正的，已经有点不足为贵的意思了。

第五章
古代姓名字号趣话

　　古今文人墨客大都在名字之外,另有字号,有些人甚至有不止一个的字号,一般称作别号或别署。在社交场合或书翰往来时,根据不同的需要,使用不同的别号。这样就显得典雅、斯文,充满书卷气,给人以风流儒雅的感觉。古代人的姓名字号甚是有趣,可成趣话。

第一节　姓氏趣话

■ 最古怪的姓氏轶闻

中国经过几千年来的发展演化，中国人的姓氏也随之发展变化。早先，姓氏只是一种单纯的民族遗传标志，经过发展变化，逐渐成为文化中独特一支。有不少的姓氏不但稀奇古怪，而且还隐匿着某些有趣的传说。当然，有些姓氏存在一些尴尬也是在所难免的。

我国大多数的姓氏还是比较常见的，占我国的绝大部分，但是还有一部分姓氏比较古怪，听起来让人啼笑皆非，比如表生活类的"柴米油盐酱醋茶"；表数字类的"一二三四五六七八九十……"、"一拾百千万兆"；表方向类的"东西南北中"；甚至还有一些含有贬义"妾、骂、邪、嫖"等。

一些姓氏爱好者对我国的怪姓氏进行了"评选"，其中"死、难、黑、老、毒"这五大姓氏高居榜首！确实，这些怪姓氏听起来让人毛骨悚然！毕竟没有人希望自己"死、难、黑、老、毒"。

虽然这些怪姓氏听起来有些让人不寒而栗，但这也构成了我国姓氏文化中有趣的一部分。如果细细考究，这些古怪姓氏不是凭空出现且还大有来历呢！

死：据说这是中国姓氏倒数第二的小姓，来源于北魏时期少数民族的四字复姓，主要存在于西北部地区。不过，"死"字自古以来都是受人避讳的，谁也不愿意张嘴就"死来死去"的。但若以此为姓，就没办法避免了，无非令人产生不吉利的印象。

难："据说我国"难"姓人数最少，人数不详。"难"姓发音为去声。据说"难"姓为鲜卑族姓，后向北迁移，因此现在的松花江在当时被称为"难江"。几经辗转，难姓鲜卑族才涉足朝鲜半岛。现在，"难"姓人主要分布在河南四座小村里，而且世世代代都沿姓难，从未改姓。虽然"难"字寓意不祥，但是他们却照样生活得逍遥自在。

黑："黑历史""黑文化""抹黑"，人们往往用"黑"叙说不好的事物。任何事业文化或个人都崇尚光明正大，若以"黑"字为姓，着实让人尴尬。

老："老"姓来源有二。一种说法是由满族姓"萨克达"更改而来，"萨克达"的满族语就有"苍老"之意，故改为"老"姓。另一种说法是"老"姓本来就是广东佛山的四大土著姓氏之一。在我国现在该市南海区西南的世老村，村民们大多姓老。从一出生就要被冠上"老"字，小小年纪就"老来老去"的，让人很是无奈，而且跟人一辈子。有位叫"老艳"的女士表示自己因为此姓，遇到不少的尴尬事。以前在单位上班，大家见面打招呼都好称呼，唯独她的不好称呼。"老小姐""老……"怎么称呼都不好。领导叫下属"小李""小王""小赵"的，而"小老"听起来总觉得别扭。后来，她在汉道口开了家店，于是"老经理"的称呼又来了。刚开始，她觉得自己的姓特别，大家容易记，印了大量的名片给客户。还真别说，确实给她带来了不少的客户。不久，麻烦事就来了。慕名打电话的客户不知道怎么开口称呼。老艳说："没有见过我的人总认为我老，害得我总得给人家解释半天。"后来，为了免除尴尬和麻烦，老艳改了姓，随母亲的姓，叫夏艳。这就觉得正常了。深有感触。

毒：这个姓氏叫起来、听起来都很吓人。据说"毒"姓源自唐朝的一个故事。唐代有个叫窦怀正的宰相，位高权重的他预谋夺取唐朝江山被皇帝发现，皇帝改其姓为"毒"作为惩罚，且世世代代不得更改，"毒"姓由此而来。"毒先生""毒太太""毒小姐"……跟"毒"沾边，难免让人警惕三分。据说，台湾嘉义县太保市过沟里就有一户毒姓人家，其祖先是清朝的翻译官。几代单传后，如今，已繁衍出了男丁六人，大陆个别省份也有此姓分布。

上述五大怪姓均是古已有之，有"据"可考，还有些姓氏是"半路出家"，来历传奇。

比如"半路出家"的"门"姓。门姓的产生有几个有趣的传说。一种传说是门姓由"闫"拆分而来。传闫氏兄弟分家时，为公平起见，将姓氏也一分为二，一家姓门，一家姓三。另一个传说是一家姓"蔺"的得罪了当朝皇帝，盛怒之下，皇帝将"蔺"这个姓氏"去头挖心"，剩下的就是个"门"字。当然，这些传说都难以证实。

"宓（音mì）"姓。据史料记载，上古的伏羲氏姓宓，古代"伏"通"宓"，因此伏羲也

▲ 伏羲像

叫宓羲。说起宓姓,有位叫宓晓君(化名)的中学化学老师,总被自己的学生和同事叫成"必老师""小必",为此,她总要一一纠正一番。后来,她不再纠正这一错误了,因为总比被人叫作"小蜜"好吧?这样反倒更不舒服。

"丑"姓。传说北宋年间,有位姓苏的富家小姐喜欢上了一个姓黄的穷秀才,遭到家人的极力反对。苏小姐为了和心爱的人在一起,和黄秀才私奔逃到湖南安家。双方家庭认为此行为道德败坏,有辱门风,便不让二人的后代姓黄。有句民间说法"自古黄丑不分家",二人便让后代姓丑。不过,也有资料证实,丑姓由发源于春秋时期的钮姓演变而来。不过,"丑"姓也闹出过笑话。有个商学院毕业的女学生,刚好姓丑。她的工作需要跟很多不同的人打交道。有一次,在公司举办的酒会上,她认识了个新客户,客户问她贵姓,她说姓丑。客户以为在拿他打趣,有些生气:"请不要开玩笑!"。她苦笑不得,跟客户好好解释了一番才消除了误会。

"藕"姓。据说藕姓的得来源于避难。藕家本不姓藕,其祖先在朝为官,因得罪了皇帝逃命。逃难途中,为了躲避官兵的追捕,躲在一个池塘里,用莲叶遮住身体,心里祈祷:"要是躲过了这次,我就改姓'藕'"。没想到,他真的躲过了这次追捕,他觉得是藕带来的好运,从此,中国姓氏多了一个藕姓。

据说还有因"吃"改姓的。陕西邠州永乐乡有个叱家村,村民大多姓"叱干",这复姓的由来还有一段历史故事。

据说战国末年,甘罗年仅十二便成为秦国宰相,奸臣吕不韦使计陷害,因此甘府人无一幸免,只有一同姓老头逃脱。这老头一路逃命,逃到荒郊野外,腹中饥饿难耐,饿得两眼昏花,栽倒在路边。追兵追赶至此，见到昏倒的老头，把他推醒，问他姓什么。老头长时间赶路逃命，又没有吃食，已经饿得说不了话，只是用手指着口，一副想吃的样子。追兵以为老头不姓甘姓吃，便逃过一劫。后来，老头逃至邠州永乐叱家村，娶妻生子，繁衍了一大家人。老头不忘旧恩，多亏一个"吃"字救了他的命，便将"甘"姓与"吃"姓合为复姓"吃甘"，让他的后人都用这个复姓。后来，"吃甘"演变成现在的"叱干"。

除了避难改姓，还有人为纪"荣"改姓的。据说管仲后人就有姓"拜"的。

那是公元前685年，齐国的齐桓公（小白）和公子纠争夺王位。管仲当时是侍奉公子纠，后小白登上王位。齐桓公当政后，看中管仲才能，不计前嫌，拜管仲为相，齐国由此成为当时最强盛的国家。管仲后代为了纪念祖上这份荣耀，索性把"拜相"的"拜"作为自己的姓氏。现在拜姓后人分布在江苏等地。

中国文化因姓氏文化的存在更加丰富多彩；而稀奇古怪的姓氏轶事又为其增添了光彩，耐人寻味。

■ 趣味悠长的奇僻姓氏

中国姓氏文化历经数千年演绎、发展，其内涵丰富。随着朝代的更替，民族的融合，历史的发展，一些姓氏已经消失，而一些新的姓氏则在时代的进程中产生。从古至今，很多趣味悠长的奇僻姓氏若是稍加收集、整理，便有无尽的趣味。现择其要者简述如下：

表示数字的姓氏有：一、二、三、四、五、六、七、八、九、十、壹、贰、叁、肆、伍、陆、柒、捌、玖、拾、零、百、千、万等。

表示时令、节气、气象的姓氏有：春、夏、秋、冬、阴、阳、日、月、年、岁、季、时、分、秒、风、云、雷、电、雨、雪、冰等。

表示方向、方位的姓氏有：东、南、西、北、上、下、左、右、前、后、高、低、东方、西门、北宫、南郭等。

表示各个历史朝代的姓氏有：夏、商、周、秦、汉、晋、魏、蜀、吴、梁、齐、陈、隋、唐、宋、元、明、金、清等。

表示中国各省、自治区、直辖市地名简称的姓氏有：京、津、沪、冀、鲁、豫、苏、皖、晋、桂、湘、鄂、闽、川、浙、甘、宁、陕、吉、辽、黑、台等。

表示中国各民族称谓的姓氏有：汉、满、蒙、回、藏、苗、彝、侗、瑶、白、黎、土、羌、怒、壮等。

表示各行业的姓氏有：工、农、商、学、兵、艺、师、陶、铁、医、干、战、药、屠等。

表示各种颜色的姓氏有：赤、橙、黄、绿、青、蓝、紫、红、黑、白、灰、乌、丹、朱等。

表示天干地支的姓氏有：甲、乙、丙、丁、戊、己、庚、辛、壬、

癸、子、丑、寅、卯、辰、巳、午、未、申、酉、戌、亥等。

表示五行、五常的姓氏有：金、木、水、火、土、仁、义、礼、智、信等。

表示五音、五金的姓氏有：宫、商、角、徵、羽、金、银、铜、铁、铝等。

表示六畜、四兽的姓氏有：牛、马、猪、羊、狗、鸡、龙、凤、鹤、麟等。

表示五岳、江河的姓氏有：泰、华、恒、衡、嵩、江、河、湖、海等。

表示五谷、百果的姓氏有：麻、黍、稷、麦、豆、桃、李、杏、梨、果等。

表示"岁寒三友"及花草四君子的姓氏有：松、竹、梅、兰、菊等。

表示人伦、亲属的姓氏有：祖、宗、父、子、公、孙、叔、伯、姥、娘、姑、姐等。

表示人体部位的姓氏有：头、骨、耳、目、口、舌、齿、胆、足、皮、毛等。

表示动物属类称谓的姓氏有：熊、狼、虎、蛇、虫、鱼、鸡、鸭、鹅、牛、马、驴、猫、鹿等。

表示以官职为姓的有：王、公、侯、伯、尉、司马、司徒、督、尹、卿、相等。

表示因罪受贬或地位卑微的姓氏有：杀、死、丑、打、骂、不、黥、黜、蟒等。

除上述各种稀奇古怪的姓氏外，还有相当一部分笔画繁杂的生僻字，在字典上也难以查到。

除了单姓、复姓外，还有多字姓，即三个字以上的姓氏，如胡右口引氏、自死独膊氏、刹利耶加氏、秃鲁八歹氏、唐兀乌密氏、矢黎婆罗氏、乞失迷儿氏、拙儿察歹氏、主儿赤台乌祜氏、卜颜勒多伯台氏等，这主要存在于少数民族中。

也有姓氏出现的令人啼笑皆非。如给自己最后一个出生的儿子赐氏"尾生氏"；周穆王因自己最宠爱的姬妾早卒，万分哀痛，改称其族为"痛氏"；春秋时期的晋大夫赵襄待人热诚，如冬日之暖阳，遂被称为"冬日氏"；汉代有个人不知自己姓氏，干脆以姓为姓，称为"姓氏"……

中国姓氏繁杂，异彩纷呈，古怪奇僻的姓氏不在少数，自明代以来，就出现了专收此类姓氏的专著，如明代的《希姓录》《奇姓通》，清代的《希姓补》等。另外《清稗类钞》一书中，也集有清代稀有姓氏1848个。

■ 由黄帝派生出来的姓氏

对当今120个姓氏从血缘关系上追根溯源发现，中国人一般属于三个族系，即黄帝族、炎帝族、东夷族，出自四位祖先，即黄帝、炎帝、太昊与少昊。

具体情况是：

属于黄帝族的有86姓，占120姓的72%，即：王、张、刘、陈、杨、周、吴、孙、胡、朱、林、何、郭、罗、宋、郑、韩、唐、冯、于、董、萧、程、曹、袁、邓、傅、曾、彭、苏、蒋、蔡、贾、魏、薛、叶、阎、余、潘、杜、戴、夏、钟、汪、田、范、石、姚、邹、熊、陆、孔、康、毛、史、顾、侯、邵、孟、龙、万、段、钱、汤、黎、常、武、乔、赖、庞、樊、兰、殷、施、陶、翟、安、颜、倪、严、牛、温、芦、季、俞、鲁。属于炎帝族的有6姓，占120姓的5%，即：许、姜、崔、雷、易、章。属于东夷族的有8姓，占120姓的7%，即：李、赵、黄、徐、马、谭、郝、江。兼属黄帝族与炎帝族的有11姓，占120姓的9%，即：高、谢、吕、卢、丁、方、邱、贺、龚、文、洪。兼属黄帝族与东夷族的有9姓，占120姓的7%，即：梁、沈、任、廖、金、白、秦、尹、葛。总的来说，120大姓大部分为黄帝族，少部分属于炎帝族和东夷族。因这三族长期活动的中心在河南，因此，这三族姓氏多数是在河南境内形成的。

1. 黄帝族与姓氏

黄帝是中原各族的祖先，本姓公孙，因居轩辕之丘，故号轩辕氏，因有土德之瑞，故号黄帝。相传炎帝扰乱各部落，黄帝受到各部落拥戴，在阪泉打败炎帝；后蚩尤扰乱，黄帝又率领各部落击杀蚩尤。从此，他由部落首领被拥戴为部落联盟领袖，与炎帝被后世尊称为"人文始祖"。司马迁在《史记》中把中原地区不同时代居于统治地位的部族都说成黄帝的后代，如颛顼、帝喾、尧、舜，以及夏、商、周的最高统治集团等。这些部族，接连居于统治地位，统治时间长，范围广，所以人丁极其兴旺。通过研究发现，这120个姓氏从地缘关系上说，黄帝族与河南关系密切。颛顼族和帝喾族为黄帝族两大主要分支。此外，据有关文献记载，匈奴族和

▲ 五帝之二颛顼像

鲜卑族同黄帝也有血缘关系，所以，凡出自匈奴族或鲜卑族的姓氏，均列入黄帝族系。

（1）颛顼族与姓氏

传说，颛顼是古代部族首领，《史记》记载其是"黄帝之孙而昌意之子"，号高阳氏。他居于帝丘（今河南濮阳东南），死后葬于顿丘。颛顼后裔主要有三支：一为舜族，二为禹族，三为陆终族。传说，舜是父系氏族社会后期部落联盟领袖，《史记》说他是颛顼的7世孙，其后代衍生出陈、袁、田等姓氏。禹原为夏后氏部落领袖，后奉命治理洪水，三过家门而不入，担任部落联盟领袖。中国历史上第一个奴隶制国家——夏朝便由他的儿子启建立，后又产生一些其他姓氏。

（2）帝喾族与姓氏

传说，帝喾也是古代部族首领，号高辛氏，《史记》记载他是"黄帝之曾孙"，"于颛顼为族子"。豫西和豫北是他主要活动的地区。在帝喾后裔中，繁衍旺盛的部族，主要有尧族、商族、周族。传说，尧是父系氏族社会后期部落联盟领袖，是帝喾之子，后出现一些其他姓氏。商族始祖名契，是帝喾之子，被封于商，赐给子姓。子姓商族产生的姓氏，少部分源于商朝王族，大多数则源于殷纣王帝辛的哥哥微子启所建的子姓宋国。周部族始祖名弃，也是帝喾之子，姓姬氏，后衍生出数百个姓氏，是衍生姓氏最多的，在当今120大姓的就有47个，其中有一大半出自河南。

2. 炎帝族与姓氏

传说，炎帝是上古姜姓部落首领，因生于姜水得姜姓。因以火得王，又以火名官，故称炎帝；他教民众耕种，又亲自尝百草来治病，故又号神农氏。他原先居住在姜水流域，后来搬迁至中原地区，《竹书纪年》说他曾居陈，"陈"即今河南淮阳。他的子孙大部分都在河南境内安家落户，因此姜姓又失而复得，到后来又出现了一些其他姓氏。在河南境内的炎帝后裔，主要有吕氏、许氏、文氏、方氏、雷氏、申氏。此外，还包括山东北部的齐氏，但其始祖吕尚是南阳吕国的子孙。

3. 东夷族与姓氏

"夷"是中国古代对东方各族的泛称，亦称"东夷"。东夷族分为太昊族与少昊族。

太昊族与姓氏：太昊，是传说中古代东夷族首领，也是中国神话中人类的始祖。太昊族以龙为图腾，曾以官为官名，其后裔姓氏有任、郝及白姓的一支等。

少昊族与姓氏：少昊，号金天氏，也是古代东夷族首领。传说他因修太昊之法，故称之为少昊。少昊与太昊是继承关系，少昊部落是从太昊部落分出来的，主要活动在今山东曲阜地区，其后代在全国各地都有分布。皋陶和伯益是少昊两个重要的后裔。皋陶是少昊的曾孙，后继承东夷族成为首领。他的后裔包含当今第一大姓李及廖姓。伯益是皋陶的儿子，是舜时东夷部落的首领。他是古代嬴姓各族的共同祖先，后裔相当繁盛，其中在当今120大姓中，赵、黄、徐、马、谭、江等姓都是他的后代。

■ 一些姓氏的奇闻轶事

孟姜女不姓孟。先秦时期对女子的称呼和现代不一样，是名在前姓在后，也就是说"孟"是名，"姜"才是其姓氏。在古代的排行中，老大称"孟"或"伯"，老二称"仲"，老三称"叔"，最小的称"季"，孟姜女在姜家姑娘中排行老大。《辞海》载："孟姜，春秋时齐国大夫杞梁妻。姜姓，字孟。后人将杞梁说成秦朝人，称'范杞梁'，并演变为孟姜女哭长城的故事。"

"俞伯牙摔琴谢知音"的故事人人知晓，那俞伯牙姓什么？姓伯。陈奇猷《吕氏春秋新校释》："高注：伯，姓；牙，名，或作'雅'。钟，氏；期，名；子，皆通称。悉楚人也，

▲ 孟姜女石像

少善听音，故曰为世无足为鼓琴也。"王昕《漫说"三言""二拍"》："'伯'是姓，'牙'是名，或者也写作'雅'；'钟'是姓，'期'是名，'子'是通用的敬称。所以主人公的名字就是伯牙、钟期，而非俞伯牙、钟子期。"

大家知道柳下惠便是"坐怀不乱"故事中的主人公，是鲁国的大夫。可是柳下惠的姓并不是我们所想的"柳"，而是姓展。《辞泽》载："柳下惠，即展禽。展氏，名获，字禽。食邑在柳下。谥惠。"

"叶公好龙"中的叶公姓什么？不姓叶而姓沈。他原名沈诸梁，因为受到楚昭王赏识，被封到古叶邑（今河南省平顶山市叶县旧县乡）为尹，故史称叶公。叶公是一个颇有作为的官吏，他仗义勇为，选贤举能，兴修水利，发展农业，深受当地百姓的爱戴。《全唐诗》中收有著名诗人李百药的作品《登叶县故城谒沈诸梁庙》。

周公是西周初年杰出的政治家，在礼制方面有很高的成就。孔子在《论语》中称赞道："周监于二代，郁郁乎文哉，吾从周。"周公

也不姓周，姓姬。他是周文王之子、周武王之弟，因采邑在周（今陕西岐山北），故名周公。

周幽王为博美人褒姒一笑而"烽火戏诸侯"，这是人尽皆知的典故。褒姒是周幽王的宠妃，那这位美人姓什么？姓姒。因为她是褒人进献，因此以褒为姓，其名姒才是其本姓。《辞海》载："褒姒，褒国（今陕西勉县东）人，姒姓。"

鲁班"班门弄斧"的成语中的"班"就是指鲁班，鲁班姓什么？姓公输。因为他是鲁国人，名班，所以人们常叫他鲁班。

商鞅变法名垂史册，商鞅姓什么？姓公孙。《辞海》中记载："商鞅，战国时政治家。卫国人。公孙氏，名鞅亦称卫鞅。"

郑和7次下西洋可谓是中外航海史上的壮举，郑和姓什么？姓马。《辞海》中记载："郑和，明宦官，航海家。本姓马，原名文和，小字三保。回族，明初入宫做宦官，从燕王起兵，赐姓郑。"

《弈秋》是《孟子》中的名篇。弈秋擅长围棋，是当时最为著名的围棋高手，而且是中国史上第一个从事围棋教育的。弈秋姓什么？在清代著名学者焦循的《孟子正义》里有如述说明：

▲ 孟子

"古之以技传者，每称之为名，如医和、卜徒父是也。此名弈秋，故知秋为其名，因通国皆谓之善弈，故以弈加名称之。"《通志·氏族略》中写道："三代（夏商周）以前，姓氏分而为二，男子称氏，妇人（女子）称姓。氏所以别贵贱，贵者有氏，贱者有名无氏。"弈秋到底姓什么，我们已无从考证，但我们可以由此想到历史上很多名人的名字就是在各自所从事的职业或具有的专长之后加上名所构成。

■ 有趣的姓氏组合

1. 东南西北本姓张

东姓：有五种来源。一种说法是舜的七友之一东不訾的后裔；一种相传是伏羲的后裔东蒙氏的后裔；另外高句丽姓氏也有东姓，其后代迁至中原未改其姓；也有些东姓是由土族的"什东加"这个姓改过来的；在台湾土著、满族、蒙古族等民族中也有东这个姓。目前，东姓在中国的分布范围较广，在天津静海、黑龙江、河北、辽宁、江苏海门、甘肃、青海等地均有分布。

西姓：有三种来源。一种是以国为姓，相传古代有个西国，后来人们就以西作姓；另一种说法，是说战国魏国时邺县有个叫西门豹的县令，他的后代把复姓"西门"改为单姓"西"；最后一种说法是由满族姓氏改过来的，清朝满族八旗中锡克特哩氏后来改成了西姓。

关于西姓的来源，还流传着这样一个传说：明孝宗孝康张皇后机智贤明，曾辅佐孝、武两帝处理政事，但是她的两兄弟张延龄、张鹤龄仗着自己是皇亲国戚横行霸道，作威作福。待张皇后死后，在位的明世宗下旨将其全家满门抄斩，子孙四下逃散。为了便于以后相认，他们约定按逃跑的方向由张姓分成了东南西北四个姓氏，所以也有"东南西北本姓张"之说。西姓分布在山东广饶、邹平、潍坊和安徽等地，但人数也不是很多。

南姓：来源有四。第一，据《史记》记载，夏禹有南姓的后代；第二，是说商王盘庚的妃子生了一个儿子，名叫南赤龙，他的曾孙南仲在周宣王时曾为大夫，其后代就以南为姓；第三种说法认为，春秋时卫灵公之子公子郢，字子南，他的后代就把南作姓；第四种来源，据说春秋时期，晋国有一个高士隐于南乡这个地方，其后代就改姓南。南姓分布地域广，尤以河南较多，约占全国汉族南姓人口的75%。

北姓：来源有三。一种是以地名为姓，据说，在远古有个地名叫北的地方，黄帝将蚩尤部落的一些人迁到了这里，其后人就把北作为姓氏；也有一种说法说，北是高句丽的一个姓氏，除此之外还有东姓，由此推断，应该是以方位为姓；还有一些北姓是由复姓拆分而来，例如北门、北宫、北郭、北人、北野这些复姓。北姓主要分布在河北曲阳、山西汾阳、四川德昌、内蒙古包头等地。

2. 柴米油盐酱醋茶

柴姓：系自江姓。分布较广，山东、湖北等省多此姓。相传，有个叫柴武的名人，曾是汉高祖时期的将军；还有一个叫柴荣的，是五代十国时期后周的世宗、军事统帅。

米姓：本姓芈，北宋书法家米芾自称是先秦时楚国后裔，后将芈改为同音字米。另外，隋唐时，常有来自西域的米国人来中原定居，他们以国名为姓，才形成米氏。米氏后代分布较广，主要分布在湖南、山西等地。

油姓：起源不详，唐代就已经有人以油为姓。今山西、山东、台湾等地均有分布。名人有油风，明时陵川人。

盐姓：据说是源自春秋时齐毋盐大夫之后。还有人说是掌盐池者的子孙以盐为姓。今江苏、四川等地有分布。

酱姓：起源不详。据了解中国内地已经没有姓酱的人了，不过台湾还有。

醋姓：起源不详。今陕西、四川等地有分布。

茶姓：来源有三：一是炎帝死后埋葬在茶陵，因此出现茶氏；二是齐太公的后代衍生出茶姓；三是明清时云南大理府保山县鲁掌土千总为茶氏，彝族人。主要分布在今云南、浙江、台湾等地。名人有茶话，汉代人，见《江都易王传》；茶昱，明代武平人，洪武中洛川县训导。

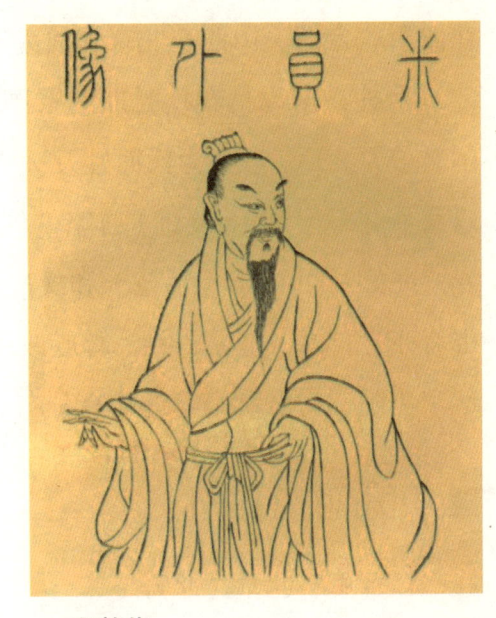

▲ 米芾像

3. 一拾百千万兆

一姓：古已有之，有说是属一那娄氏之后，还有说由乙姓等演化而来。目前，在今安徽淮南仍有此姓。

拾姓：最早可见于《姓苑》。主要在江苏、台湾等地。"拾"姓可能被简写为"十"姓。不过，十姓源出不详，据统计资料称安徽青阳有。

百姓：来源有二。其一来源是属黄帝之后，名人如《说文》中的百儵；其二来源是由百里氏之后省略"里"而来。现主要分布于北京、浙江、河南、四川和重庆等地。

千姓：据说在三国时期，百顷王杨千里入蜀，而后出现千氏。现在四川、台湾、山西、北京和河南等地均有分布，但数量不多。

万姓：据说是春秋时期的晋国大夫毕万的后代，以名为姓；芮国国君伯万之后，以字为氏而姓万……。东汉著有《南州异物志》的万霞；以及从"万俟"（mò qí）省略"俟"而姓"万"（mò）者。

兆姓：可见于《姓苑》和《广韵》，清代驻防杭州的满洲八旗中也有兆姓；由一些蒙古族、彝族改汉姓时也常选"兆"。现江西兴国、辽宁沈阳、安徽利辛等地均有分布。

■ 中国现存的复姓

1. 百里、北堂、北野
2. 淳于、单于、成公、叱干、叱利、褚师
3. 端木、东方、东郭、东宫、东野、东里、东门、第二、第五、独孤、段干、达奚
4. 公孙、公广、公上、公冶、公羊、公良、公祖、公玉、公西、公孟、公伯、公仲、公户、公仪、公山、公门、公坚、公乘、哥舒、谷梁、谷利、高堂、贯丘
5. 皇甫、赫连、呼延、胡母
6. 亓官、夹谷、即墨
7. 令狐、梁丘、闾丘、刘傅、卢蒲
8. 慕容、万俟
9. 南宫、南门、南荣、南野、女娲、纳兰
10. 欧阳
11. 濮阳
12. 青阳、漆雕

13. 壤驷

14. 上官、司徒、司马、司空、司寇、司宾、士孙、申屠、叔孙、叔仲、侍其

15. 澹台、拓跋、太史、太叔、太公、秃发

16. 闻人、王孙、王官、王叔、巫马、微生

17. 夏侯、西门、鲜于、轩辕、相里

18. 宇文、尉迟、乐正、延陵、羊舌、羊角

19. 诸葛、颛孙、仲孙、仲长、长孙、钟离、宗政、左丘、主父、宰父、子书、子车、子桑

第二节　古代名人姓名字号由来

■ 孔子名字的由来

　　孔子（公元前551—前479年），又名孔丘，字仲尼，生活在春秋时期，是儒家学说创始人。孔子原先不姓孔，据说他有个先祖叫公孙嘉奖，字孔文，因此公孙嘉奖又称为孔文嘉奖。古人有这么一个习俗，后代人可以沿用先人的名或字为姓的，因此孔子的父亲就以"孔"作姓，当然，孔子就随父亲姓孔了。司马迁在《史记》里说孔子"姓孔氏"，这是从汉代姓氏不分的角度上来叙述上古历史的方式，正因为秦汉以后姓氏已经不再区分，以氏作姓，所以，司马迁才能说孔子"姓孔"。

　　孔子的父亲当时已经有九个女儿和一个儿子，还不满意。古代男尊女卑，女儿虽多不算有子，儿子多才好，仅有一子也是憾事。孔子的父亲便一直

▲ 孔子像

再想要儿子,于是和妻子到曲阜东南的尼丘山还愿,求天神再赐一子。后来,果然再得一子,孔子父亲认为这是去尼丘山求神得来的,便取尼丘山的"丘"为名,"尼"为字,因孔子在男孩中排行老二,"仲"的古意为二,所以孔子的字取为"仲尼"。

在古代,"子"是对男子的一种美称或尊敬,孔子"子"就取此意,而且"子"还含有老师之意。所以,古代有名望的政治家、思想家、学者等,不能直呼其名讳,而尊称其为某子。如墨子、老子、孟子、孙子等。

■ 李白名字的由来

据说李白周岁时,随手一抓就抓了一本诗经。他的父亲十分高兴,觉得自己的儿子长大后很可能成为一位有名的诗人,就想着给儿子取一个好名字,免得后人笑自己没有文化。由于对儿子的名字太过慎重,一时竟怎么也想不出满意的好名字,就一直以小名称呼。直到李白七岁,还没有想好名字。那年春天,李白父亲和妻儿在院中赏花,一时兴起,对妻儿说:"今日春景正好,我想写一首春日绝句,只写前两句,你们母子一人给我添两句如何?一句是'春风送暖百花开',一句是'迎春绽金它先来。'"母亲想了好久,说说:"火烧杏林红霞落。"

▲ 李白吟诗图

李白等母亲说罢，抬头望着院中盛开的李树，脱口而出："李花怒放一树白。"李白对得绝妙，父亲满心欢喜，拍手叫好，果然儿子有诗才。他越念越喜欢，念着念着，突然发现这句诗的开头不是自家的姓吗？这最后一个白字尤其精妙正说出一树李花圣洁如雪。于是，父亲就给儿子取名叫李白。

■ 苏轼名字的由来

苏轼（1037—1101年），字子瞻，号东坡居士，是北宋著名大文豪。

在说苏轼名字之前，先了解左传《曹刿论战》中的"下视其辙，登轼而望之，曰：'可矣。'遂逐齐师。"

苏轼的弟弟叫苏辙，两兄弟的名字都能在这里找到，包括他们的字，子瞻、子由，也有隐含。

苏轼名字中的"轼"字，在《说文》中有解释："轼，车前也。"，是指设在车箱前面供人凭倚的横木。而其字"子瞻"，则源于《左传·庄公十年》"登轼而望之"中的"望"，正好符合苏轼少年时期踌躇满志的张扬作风。

而苏辙名字中的"辙"，在《左传·庄公十年》中说"下，视其辙"，本义是指车迹，车轮碾过的痕迹。其字"子由"，有仿效、依循之意，就是说跟着别人走的意思。弟弟苏辙在为人处世方面确实比苏轼内敛许多。

■ 唐寅名字的由来

唐寅（1470—1523年），字伯虎，一字子畏，号六如居士等，明代汉族人，十分擅长绘画，是当代有名的画家，同时也是有名的书法家、诗人。在诗文上,他与祝允明、文征明、徐祯卿并称"江南四才子";在绘画上,与沈周、文征明、仇英并称"吴门四家"。

唐寅名字的由来,据传于明宪宗成化六年庚寅年寅月寅日寅时生,故取名唐寅。

"六如居士"是唐寅的自号。晚年唐寅归心佛教,从色空观与人生梦幻说中寻求寄托,认为人生似"六如",即如梦、如幻、如泡、如影、如露、如电,故得此号。

■ "五柳先生"的由来

陶渊明(352或365—427年),字元亮,又名潜,浔阳柴桑人,生活在东晋末至南宋朝初期,是伟大的诗人、辞赋家。

五柳先生是陶渊明作品中《五柳先生传》提及的人物。

"先生不知何许人也,亦不详其姓字;宅边有五柳树,因以为号焉。"意思是说,他家门前有五棵杨柳,所以就叫五柳先生。

这篇文章说是为五柳先生写的传记,实际上是自传。沈约《宋书·隐逸传》和萧统的《陶渊明传》都认为是"实录"。整篇文章从思想性格、爱好、生活状况等方面介绍,塑造了一位遗世独立的隐士形象,赞美了他安贫乐道的精神,实际上映射了陶渊明本人不慕荣利,安贫乐道,清高不羁,不与世俗同流合污的高尚追求。

▲ 陶渊明像

"青莲居士"的由来

李白（701—762年），字太白，号青莲居士，是唐代伟大的浪漫主义诗人，被誉为"诗仙"。李白幼年随父亲迁居绵州昌隆（今四川江油）青莲乡。李白是个喜欢游历祖国山川的人，他的一生几乎都在漫游中度过。

首先，青莲花是李白非常喜爱的花，从他的不少著名诗句中可以看出。吟咏莲花"清水出芙蓉，天然去雕饰"是李白著名诗句。虽然这是李白对别人的赞誉，倒不如说这是他本人的真实写照。他的字号正反映了他这种高尚的生活情趣。

其次，自号"清莲居士"是出于对佛教的信仰。青莲花是佛教圣物，居于青、黄、赤、白四色莲花之首。李白诗篇中多次提到青莲花，都与佛教寺庙、佛教人物和佛教活动有关。"青莲"：佛教信物；"居士"：不出家的信佛者。"青莲居士"是信佛的李白的自谓。

最后，这也与李白的出生地和幼年经历相关。李白出生在西域条支，到五岁才随家人迁至蜀中。他的出生地盛产青莲花，他应该是能亲眼见过的。所以，还可以说，李白是对他的出生地及童年生活的追忆和眷恋。

"香山居士"的由来

白居易（772—846年），字乐天，号香山居士，又号醉吟先生，唐代伟大的现实主义诗人。

香山寺地处龙门东山山腰，其建筑古朴浑厚，周围尽是挺拔的苍松翠柏。该寺始建于北魏熙平元年（公元516年）。唐天授元年（公元690后）重新修缮，正式命名为"香山寺"。当时的香山寺"危楼切汉，飞阁凌霄，石像七龛，浮图八角"。

唐文宗太和六年（公元832年），白居易撰写了《修香山寺记》。名人名山名寺，很快香山寺声名大震。白居易还把自己12年在洛阳写的八百首诗，编为十卷，取名《白氏洛中集》，将其放在香山寺藏经堂内。白居易很喜欢这里，曾常住寺内，遂自号"香山居士"，和胡果、吉皎、郑据、刘真、卢贞、张浑、李元爽、僧如满等结为"香山九老公"。唐会昌六年（公元846年，白居易病逝，受其嘱托，埋葬于香山寺北和满师塔之侧。

"东坡居士"的由来

苏轼（1037—1101年），字子瞻，号东坡居士，是北宋著名大文豪，诗、词、赋、散文均成就极高，且善书法和绘画。

苏轼为什么自号"东坡居士"？

北宋元丰三年，苏轼因"乌台诗案"被贬黄州，自此他便在城南的定惠院定居。

俸禄微薄，根本养不起家人，于是，他便在黄州城外的东坡上开荒种地，自号"东坡居士"。宋代叶梦得《石林燕语》卷十载："苏子瞻谪黄州，号'东坡居士'，东坡其所居地也。""东坡

▲ 苏轼像

是苏轼被贬黄州时的居住地。

苏轼平生敬佩的人不多，白居易算是为数不多的一个，可以说白居易是苏轼的偶像。恰巧，白居易也曾被贬官，流落到一个叫"东坡"的地方，还在此地做过很多诗篇。苏轼的仕途和白居易相似，都遭遇被贬的命运，苏轼以"东坡"为号，表达了对白居易的敬意。

苏轼还是一位实实在在的美食家。黄州的猪肉非常便宜，苏东坡买来猪肉，用慢火清炖，然后加入酱油等各种调料，肉味美味无比，这就是著名的"东坡肉"。与美食结缘的苏东坡，热爱生活，快乐不减，豪放而诗意。

■ "六一居士"的由来

欧阳修（1007—1072年），字永叔，号醉翁、六一居士，汉族，北宋政治家、文学家。

欧阳修号"醉翁"，又号"六一居士"，他曾对此说明："古籍一千卷、书一万册、琴一张、棋一局、酒一壶、老头子一个，故号'六一居士'。"从这个别号，我们可以看出"六一居士"之号和"醉翁"之号同出一辙，都离不开酒。

欧阳修39岁时写《醉翁亭记》，正当壮年之际，他为何要以"翁"自居呢？欧阳修在政治上不顺，遭受贬抑，心中充满无限寡郁之情，而此时，酒成了他解除烦忧的良药，醉成了他忘却失意的方式。因此，他对"酒"，尤其是"醉"字格外敏感，一个"醉"字，映照着他娱情山水和以酒释怀、以醉消愁的失落和痛苦；同时以"翁"自嘲，这背后隐匿了多少功业未建、岁月磋砣的吁嗟和感喟。

■ "淮海居士"的由来

秦观（1049—1100年），字少游，汉族，北宋高邮（今江苏省高邮市）人，别号邗沟居士，学者称其淮海居士。是北宋时期的文学家、词人，被尊为婉约派一代词宗。

秦观祖上生活在高邮市，高邮市位于江苏省中部，淮河下游，高邮湖畔，后人因此称其为"淮海居士"。秦观是一个豪爽洒脱，不拘小节的人，这都体现在他的文词上。十五岁时，父亲去世，自小研习经史兵书，其代表作品：《鹊桥仙》《淮海集》《淮海居士长短句》。

■ "易安居士"的由来

李清照（1084—1155年），号易安居士，山东济南人，宋代女词人，婉约词派代表，有"千古第一才女"之称。李清照出生在一个书香世家，受过良好的教育。李清照18岁时和太学生赵明诚结为夫妇。二人志同道合，赋诗做词，十分幸福。除了在诗词方面兴趣相近，而且两人都是金石爱好者，是当时有名的金石家。

南宋初年，金兵入侵，黄河南北相继沦陷。建炎元年，金兵渡过黄河，为了躲避金兵，李清照只好和丈夫分别渡淮南奔。后来，赵明诚接受湖州太守的任命。但是，还未到任，就在途中中暑染病而死。他们收藏的金石字画也都丢失，李清照只得孤身一人逃奔，逃亡途中饱受国破家亡的痛苦。后来，她迁到杭州定居了下来。

饱受几年颠沛流离的逃亡之苦，李清照最痛心的还是丈夫的去世和苦心收藏的金石字画全部丢失。一次次的打击让她十分渴望和平安定的生活。因而，她给自己的住处题名为"易安室"，并自号为"易安居士"。

■ "柳泉居士"的由来

蒲松龄（1640—1715年），字留仙，号柳泉居士，世人称之为聊斋先生，山东淄川（今属淄博）人，是清代著名小说家，其著名小说《聊斋志异》。

根据资料记载，柳泉原为一处天然自流泉水，后村民砌石为井以蓄水。因在泉边种植了一片柳树，再加上原先那株大柳树，"柳泉"因此得名。柳树是蒲松龄和村民一起栽种，他很喜欢柳泉，便以此泉为名，自号为柳泉居士。柳泉泉水清澈明亮，用来煎茶，茶香四溢，品后历久难忘。

蒲松龄是个私塾先生，白天教书。到了炎炎夏日，暂停休馆，他便在离柳泉不远处，设置一茅亭，亭中摆放桌凳，以柳泉烹茶，招待过往行人。古代，这里是通往济南的官道，行旅频繁。蒲松龄给舟车劳顿的行人提供休息场所，并以茶供之，他不要任何钱物，只需行人讲述各地的风俗人情和各种新奇的鬼怪神话故事作为报酬，他一边听一边欣喜地记录下来，如获至宝。年年如此，持续20多年，他终于汇编成了"写鬼写妖高人一等，刺贪刺虐入骨三分"的不朽小说《聊斋志异》。

▲ 蒲松龄像

宗教法号与道号

法号和道号实际上也是别号的一种,法号是指佛教徒受戒时由本师授与的名号,又称法名或戒名。道号则是指道教徒入教后所取的一种教名。

佛教自从东汉末年传入中国以来,影响逐渐广大,信徒不断增加。正式出家的信徒,应由僧侣另取称谓,不用原来的俗名,以示超脱了尘世的伦常人情,成了佛国的子民。晋以前,信徒的法名均"依师为姓",如支谶的弟子名支亮,支亮的弟子名支谦,支法护因师事竺高座故又称为竺法护,竺法护的两个弟子分别名竺德成、竺文盛;魏道生因从竺法汰出家而改名竺道生。东晋以来,僧人道安认为僧侣应废除世俗姓氏而以"释"为姓:"大师之本,莫尊释迦,乃以释命氏。"《增一阿含》中也说:"果称四河入海,无复河名,四姓为沙门,皆称释种。既悬与经符,遂为永式。"从此,便确立了中土僧人以释命氏的佛教戒规,后代各派皆遵其法式。在佛教徒的法名中,还经常嵌有道、昙、慧、僧、法等字,如释慧远、释慧能、释法和、释僧肇、释昙邕等。李白在一首诗中曾记与他交往的一教徒说:"真僧法号号僧伽,有时与我论三车。"另外,对某宗某派的开山或杰出人物,则多尊称为"大师",如智俨被称为"至相大师",神会被称为"荷泽大师"等。也可以称作"禅师"或"国师",如怀海被称为"百丈禅师",澄观被称为"清凉国师"等。

道教徒虽然不像佛教那样,有统一规定的法名用字,但也多有教名。教名的得来有几种方式。一种是自号的,如葛洪自号抱朴子,司马承祯自号白云子,陈抟自号扶摇子,俞琰自号全阳子,白玉蟾自号海琼子等。也有些是被后人和教徒赐封追赠的,如老子被称为"太上老君",唐时又被封为"太上玄元皇帝",到宋时则被封为"太上老君混元上德皇帝",

关尹被称为"无上真人""文始先生";五斗米道的创始者张道陵被称为"张天师""正一天师";许逊被称为"许真君";施肩吾被称为"华阳真人";张伯端被称为"紫阳真人";丘处机被称为"长春真人"等。

  佛教徒的法号和道教徒的道号本身就有许多特点,很值得研究,同时,这种命名方法还对世俗之人和文人墨客有很大的影响。文人别号中喜用居士,如李白号青莲居士、白居易号香山居士、李清照号易安居士,就都来自于佛教。佛教将受过"三归""五戒"的在家佛教徒称为居士。《维摩诘经》上说,维摩诘居家学道,号称维摩居士,慧远榛曰:"居士有二:(1)广积资财,居财之士,名为居士;(2)在家修道,居家遭士,名为居士。"后世许多慕清雅高洁的文人,就多以此自号。别号中的散仙、仙人、道人、道侣等,一眼望知,都是受道徒的道号影响而形成的一种时髦。

第六章
我国历代名人姓名意义解读

中国历史悠久，是"四大文明古国"之一，随着历史的车轮不断前进，朝代更替兴衰，成就了很多皇权至上的尊贵帝王，也涌现出大批的能臣武将。文星将星，群星闪烁，波澜壮阔，淋漓尽致地演绎了中国可歌可泣的历史大剧！帝王将相的功绩与得失，个人的生平与事迹留给后人无数的遐想与思索！让我们把他们的名字作为敲门砖，来探寻历史名人的人生轨迹，走进他们遥远的心灵深处……

第一节　三代著名人物姓名解读

■ 姬昌

姬昌，其帝号是周文王，为西伯侯。他治国有方，但被小人陷害，囚于羑里，后得释归。被商纣王囚禁期间精研天地万物之理，创立了后天八卦理论。他拜姜尚为军师，要征讨纣王，想统一天下，但未出师便死去，没能实现大业，周人谥西伯为文王。

喻意解读：姬为继，为继续，也主后继，后继是人，是他的儿子；昌为发达、长远。综合起来的意思就是姬昌有儿子，是儿子继承他的事业，继续前进！你说姬昌还能完成统一大业吗？主要描写的儿子，不是自己，所以姬昌最终没有完成统一大业就离去了。未出师就死去是名字喻意预言的兑现！

所以，周文王一定得有儿子，一定还得有出息，比如说擅长打仗、有军事才能。实际答案是一定的，这个有出息的孩子，就是周文王的次子姬发，后被称为周武王。

■ 姬发

周武王，叫姬发，周文王的次子。拜姜尚为军师。讨伐商纣王成功，功垂千秋。

喻意解读：姬为击、继；发为发、法。

1.击发，弓箭、枪支等都有突然击发的特征。喻意有卓越的军事、政治才能，能开疆扩土，能武治天下！姬发后来拜姜尚为军师，果然统一了天下，建立了周朝。姜子牙也功成名就，千古传芳。

2.继发。继续发展。文王姬昌死后，姬发继承父亲的遗愿，重用贤臣，积蓄力量，最后通过牧野之战灭了商朝。建立周朝后，实行封邦建国方略，巩固和加强了天下的统一。

姜尚

姜尚，字子牙，俗称姜太公。

喻意解读：姜为姜、江；尚为尚、上。

1.姜尚。姜为生活中食用的生姜。姜正在生长中，还没到收获食用的时间。喻意怀才不遇。

2.江上。江主财富、智慧、享受；在江上面，说明拥有大财富、大智慧、大享受，但不贪心，踩在脚下，难怪是杰出的军事家、政治家呢！真是一位高人呢！为什么晚年才成名呢？（1）姜的成熟期长，在霜降季节收获，万物枯死之际，不是象征人的晚年吗？（2）尚为上，上游，上游的水流很小，很长时间才流到下游的大海处，预示人到晚年才有

▲ 姜子牙垂钓图

大成就、大名誉。姜子牙，是最长的上游支流，清澈高雅，喻意人是国家的栋梁。

■ 周公

周公，姓姬名旦，是周文王姬昌第4子。他是两周初期杰出的政治家、军事家、思想家、教育家，被尊为"圣元"。也是中国儒家学说的先驱、奠基人。

喻意解读：周为周、粥、舟；公为公、功。

1. 周公。周引申为全部，全部为公。喻意是国家的忠臣、良臣。周公是周武王姬发的弟弟，姬发继位后，一心想打败商朝，完成父亲周文王的心愿。周武王在国家政务中很依靠、信任周公，也得到了周公的辅助。公元前1027年，在牧野之战中，殷纣王战败自杀，商朝灭亡了。

2. 粥公。公众的食禄。喻意是为国家谋幸福的人，也预示是政治、经济政策及规章制度的制定者。周公在西周统一后，制定了一套完整的国家典章制度，完善了宗法制度、分封制、嫡长子继承法和井田制。

3. 周功。周引申为圆满、圆满的功绩。喻意是有大功绩的人。周武王病逝后，他的儿子姬诵继位，是周成王。周成王年幼，有周公摄政，忠心辅佐，7年后还政于成王，功勋卓著。周公辅成王的故事流传后世，成为忠臣、能臣的楷模。

4. 舟功。船的功绩是在水面上不停地、快速地前进。水为财富、权力。喻意是文化的先驱，也是淡泊名利的人。周公完善礼乐，使宗法制度有了依据和标准。自春秋以来，周公被历代统治者和学者视为圣人。他是儒学的奠基人，也是孔子最崇敬的古圣人之一。

■ 老子

老子，姓李名耳，字聃，是春秋时期楚国人。老子是我国古代伟大的哲学家和思想家、道家学派的创始人。

喻意解读：老为老；子为子、字。

1. 老字。喻意是悠久的历史、文化。老子曾做过周朝"守藏史"（管理藏书的官员），他博学多才，孔子周游列国时曾到洛邑向老子问礼。老子是中国最伟大的哲学家和思想家之一，也成为世界文化名人。

2. 老子。成熟的人。喻意人的精神、思想成为哲学的经典。老子著有《道德经》（又称《老子》）一书，为道家经典作品。《道德经》含有丰富的辩证法思想，主张无为而治，其学说对中国的哲学发展具有深远的影响。在道教中，老子被尊为道教始祖。老子与后世的庄子并称老庄。

▲ 老子骑牛图

■ 孙武

孙武，字长卿，齐国乐安人，春秋时期著名的军事家、政治家。被尊称为"兵圣"。后人尊称其为孙子、孙武子、百世兵家之师、东方兵学的鼻祖。

喻意解读：孙为孙，引申为理智、谦虚；武为武、无。

1. 孙武。谦虚、理智的武力。喻意是很实用的高级军事理论。孙武著有巨作《孙子兵法》13篇，为后世兵法家所推崇，被誉为"兵学圣典"。

2. 孙无。是反句，正过来是不孙，不受欺负。喻意是很有成就和地位的人。《孙子兵法》13篇理论精湛，被后人置于《武经七书》之首。至今已被译为英文、法文、德文、日文等文本，成为国际间最著名的兵学典范之书，也成为中外军事理论与谋略的楷模。

3. 孙无。喻意没有孙子。历史记载不详，据说孙武有儿子，有没有孙子就更难考证了。军事家孙膑是孙武后人的说法也很牵强，没有太多的历史证据。

■ 勾践

勾践，是春秋末年越国国君。在吴国做人质期间，演绎了成语"卧薪尝胆"的谋略传奇。

喻意解读：勾为勾、狗；践为贱、剑。

1. 狗贱。狗是动物，谈不上下贱。但狗的品格却有很多优点，比如勇敢，忠诚，适应能力强等。喻意是智谋很深的人物，有坚强的毅力与韧性。

2.勾剑。有勾连的剑。意思不是一把宝剑,紧邻的还有其他的宝剑。喻意是有很多才能的人,周围也有很多英才。勾践回到越国后,在范蠡、文种两大能臣的辅佐下,发愤图强,积极发展国力。最后一举击败吴国,迫使吴王夫差自尽。越国灭吴国后,勾践称霸,是春秋时期最后一位霸主。

■ 范蠡

范蠡,是春秋末著名的政治家、军事家、道家和经济学家。被后人尊称为"商圣"。

喻意解读:范为范、饭;蠡为理、里。

1.范理。理论的模范。

2.饭里。饭里有水分。喻意财富的学问。据说范蠡一生三次经商成巨富,三散家财,自号陶朱公。后代许多生意人皆供奉他的塑像,称之文财神。

■ 文种

文种,是春秋末期著名的谋略家,越王勾践的谋臣,和范蠡一起为勾践最终打败吴王夫差立下赫赫功劳。

喻意解读:文为文、蚊;种为种、中。

1.文种。文化的种子。喻意是有知识、谋略的人。文种是越国丞相,提倡爱惜民力,合理取用民力,注重养生于民,积极发展社会生产力,是安邦定国的国家栋梁。

2.蚊种。蚊子的种,就是蚊子的卵。雌蚊子容易在污水或者沟水中产卵,产完卵后,很快就死去了。刚产出的卵也为死物,主凶。生命的繁衍规律是永恒的，但此意用在姓名上主大凶。

◆ 管仲

管仲，是春秋时期齐国的国相，辅助齐桓公成为"春秋五霸"之一。

喻意解读：管：为管；仲为种、中。

1.管种。管种，没说管收，等着收获就可以了。农业作物在种植上很辛苦，投入又多，秋天收获当然是最实惠的。实际喻为做出重大贡献的开拓者。

▲ 管仲像

2.管中。中榜，中奖都是好事，包你能中的人本事太大了，也是把荣誉让给你的人。喻意是忠诚的贤达之人。

◆ 蔺相如

蔺相如，是战国时期著名的政治家、外交家。他生平最重要的事迹有完璧归赵、渑池之会与负荆请罪这三个事件。

喻意解读：蔺为蔺、躏；相为相；如为濡、如。

1.躏相如。遭到践躏时同仇敌忾。喻意遇到危险与凌辱时针锋相对，不辱使命。赵惠文王时，秦昭王写信给赵王，愿以15个城池换取"和氏璧"。蔺相如奉命带"和氏璧"来到秦国，据理力争，机智周旋，终于完璧归赵。

2.蔺相濡。蔺为互相沾湿、依靠。蔺是一种植物，多年生草本植物，茎细圆而长，中有白髓。茎可编席，茎心可燃灯及人药，亦称"灯心草"。喻意乐意与人互相帮助，和睦相处，是爱好和平的忠勇人士。

廉颇是赵国的名将，身居要位。蔺相如的官职和影响力超越了自己，他心中不满，怨气很大。廉颇居功自傲，扬言要羞辱蔺相如。蔺相如每到上朝时，常常推说有病，不愿和廉颇去争位次的先后。没过多久，相如外出，远远看到廉颇，相如就掉转车子回避。

蔺相如为保持将相和睦，不使外敌有隙可乘，始终采取回避的态度。蔺相如以国家利益为重、善自谦抑的精神感动了廉颇，于是亲自到蔺相如府上负荆请罪，二人成为生死之交，成为将相和的历史佳话。

■ 吕不韦

吕不韦，是战国末年著名商人、政治家、思想家，官至秦国丞相。

喻意解读：吕为履；不为步；韦为伟、危。

1.履步伟。伟大的脚步，意味着伟大的功绩。公元前251年，秦昭襄王去世，后继之君都很依赖吕不韦。吕不韦被任为相国，封文信侯，食邑河南洛阳十万户，门下有食客3000人，家僮万人。庄襄王死后，年幼的太子政立为秦王，吕不韦为相邦，号称"仲父"，权倾朝野。执政期间，曾攻取周朝、赵国、卫国的土地，立三川、太原、东郡，对秦王政兼并六国的事业做出了重大贡献。

2.履步危。脚步危险，喻意未来堪忧。秦庄襄王死后，太子赵政继立为王。赵政年幼，她的生母赵姬被称为赵太后，当时很年轻，孤独寂寞，所以就和吕不韦经常私通。据说赵太后早年是个歌妓，被吕不韦相中并同居且怀孕。后来被子楚看中，吕不韦就把她送给了子楚（即秦庄襄王），赵姬后来生下一个男孩，就是太子赵政。简单地总结一句话，吕不韦与秦王赵政是亲父子关系！

随着秦王政不断长大，吕不韦害怕了。于是找了个男人，献给赵太后，此人叫嫪毐。赵太后以宦官身份让他服侍在身边，赵太后后来还生了两个儿子，嫪毐和赵太后密谋，将来让他俩生的儿子继承王位。此事泄密后遭到举报，秦王政震怒，查明了此事真相。诛杀嫪毐家3族人，又杀死太后所生的2个儿子，并把赵太后迁到雍地居住。吕不韦因嫪毐集团叛乱事受牵连，被免除相邦职务，迁居河南封地。不久，秦王政复命让其举家迁蜀，吕不韦担心被诛杀，于是饮鸩自尽。

秦王政是谁？就是嬴政，大秦帝国的秦始皇。

■ 乐毅

乐毅，是战国后期杰出的军事家，在燕国任上将军，受封昌国君，辅佐燕昭王，振兴燕国。后来遭继位的燕惠王猜忌，转投赵国。燕惠王有悔意，后来燕赵两国都任用乐毅做客卿，最后乐毅善终于赵国。

喻意解读：乐为悦；毅为义、毅。

1. 悦义。乐意讲义气，是忠心辅佐君王、品质优良之意。

2. 悦毅。乐观的意志和毅力。危险之处，看得明白，有决心实施和改变。在遭到新国君的猜忌后，乐毅马上做出投奔赵国的英明决策。既保全了自己，也使得燕赵两国和睦共处，为自己的人生画上了一个圆满的句号。

■ 商鞅

商鞅，是战国时期政治家、改革家、思想家。秦孝公重用商鞅，实行变法，史称"商鞅变法"，使秦国逐渐强大起来，为统一六国奠定了重要基础。

喻意解读：商为商、伤；鞅为秧、央。

1. 伤央。从中央政策开始改革。

2. 伤秧。在自然界，是植物的枝蔓受伤。喻意自己和家人受伤。商鞅在秦惠公继位后，有人诬陷他谋反，后来被处死，诛灭全族。

▲ 商鞅变法图

西施

西施，是春秋战国时期越国的美女，天生丽质，是美的化身和代名词。

喻意解读：西为西、稀；施为施、失。

1. 稀施。稀少的施用。说明事物的珍贵性，很稀有。西施美丽异常，被形容为"闭月羞花之貌，沉鱼落雁之容"。西施与王昭君、貂蝉、杨玉环并称为中国古代四大美女，其中西施居首。

2. 西失。西为西方，五行属金；金主义，为阳；阳为男人、寿命。喻意男人与寿命的丢失。公元前494年，越王勾践被吴王夫差在夫椒（今江苏省吴县西南）击败，越王被迫向吴围求和，勾践入吴为人质。勾践在吴国卧薪尝胆，忍辱负重，期待来日击败吴国，以报血耻。后来吴王夫差也同情勾践，放他回到越国。勾践与范蠡设美人计，将美女西施送给了吴王。

吴王夫差得到西施，被其美貌与才艺所倾倒，长期与她迷恋在一起，歌舞升平，夜夜度春宵。由于贪图享受与美色，再加上夫差好战，吴国逐渐走下坡路。而勾践在范蠡与伍子胥的辅助下，国力逐渐强大。

公元前482年，勾践趁夫差举全国之力赴黄池之会时，越军乘虚攻击吴国，杀死吴太子。公元前473年，越再次兴兵，终灭吴国，夫差自刎而死。吴王死后，西施的去向成谜，有传说西施与范蠡私奔隐遁了；也有传说西施深爱着吴王，追随吴王而死去了！按喻意姓名学的理论，应该是死去了！怎么死的呢？应为钝器所伤，这只是预测了！

第二节　秦汉魏晋著名人物姓名解读

■ 嬴政

秦始皇嬴政，是统一秦朝帝国开国帝王，自喻功德显赫，恩泽四海。其人确实丰功伟绩，前所未有。让我们解读一下他的名字：

喻意解读：嬴为赢、蝇；政为正、政。

1. 赢正。就是赢得正确，确实赢了，赢得了六国人民的服拜。当然了，是武力当先锋的，空口说是没人服的。

2. 蝇政。苍蝇的政权。苍蝇数目很多，贪得无厌，还聚散无常。喻意是短命的政权。嬴政统一天下后没几年就死在巡游的路上，也招来了蝇子。

从帝号上分析，秦始皇，秦朝第一个皇帝，喻意很好。但始为"失"，也为"死"也；黄为失败、结束；秦为勤，为快。综合喻意为第一个皇帝死得快！始，为开始。自己已经是皇帝了，那后来开始当皇帝的一定是他的儿子。按照名字正反喻意都能实现的规律，继位的

▲ 秦始皇嬴政像

儿子也应该死得快!

■ 胡亥

嬴政死后,小儿子胡亥即位,帝号秦二世。

胡亥,喻意解读:胡为胡,引申为胡人;亥为孩、害。

1. 胡孩。胡人的孩子。胡人是游猎民族,文化水平普遍不高。胡亥生在帝王之家,20岁登基,还不成熟,所以就成了傀儡皇帝,被大奸臣赵高任意欺瞒和摆布。

2. 胡害。胡乱害人。赵高扶持胡亥继位有功,所以取得胡亥的信任,言听计从,害死了很多文武大臣,也害死了自己十几个兄弟姊妹。后来农民造反起义,赵高祸国殃民的专权罪行被胡亥知晓,但悔之晚矣,很快被赵高逼迫自杀。胡乱害人,最终也害了自己。

■ 赵高

喻意解读:赵为照;高为高。

1. 往高处照。往高处照是会迎合上级领导的人,是聪明人。赵高把秦始皇服侍得舒舒服服,又把胡亥玩弄于鼓掌之间,智商的确很高。成语"指鹿为马"的典故,就是赵高的手笔。

2. 光线照高空。光的速度极快,用时极短。喻意为大凶,主短寿或凶死。赵高后来被秦王子婴所杀,实现了光的速度!

■ 蒙恬

蒙恬,祖籍齐国(今山东省蒙阴县)人,是秦朝著名将领。蒙恬出身于一个世代名将之家,祖父蒙骜、父亲蒙武均为秦国名将,深受家庭环境的熏陶，自幼胸怀大志。

喻意解读：蒙为朦、猛；恬为甜、田。

1. 猛甜。勇猛的甘甜。喻意人生的成功与得意。蒙恬在秦统一六国战争中，屡建战功。六国统一后，蒙恬率30万大军北击匈奴。收复河南地（今内蒙古河套南鄂尔多斯市一带），修筑西起陇西的临洮（今甘肃岷县），东至辽东（今辽宁境内）的万里长城，征战北疆十多年，威震匈奴。

2. 朦田。朦胧的心田。喻意很消极，很凶，也预示不明智、糊涂。公元前210年冬，秦始皇病死，中车府令赵高同丞相李斯、公子胡亥暗中谋划政变，立胡亥为太子。胡亥即位后，赐死蒙恬、蒙毅兄弟俩。蒙恬吞药自杀，蒙毅被杀害。可叹，一块"田地"的人结局都一样啊！名字有"田"字音，现实还有点对应关系。在修筑西起临洮，东到辽东的长城中，蒙恬挖沟渠一万余里，也有开发、修筑之功。据传蒙恬曾改良过毛笔，他是中国西北最早的开发者，也是古代开发宁夏第一人。

项羽

项羽，是秦末著名人物，号称西楚霸王，是中国历史上最强的武将之一。

喻意解读：项为像、项；羽为雨。

1. 像雨。像雨一样。雨是好东西，主大财富、高地位。喻意是主宰天下的人。项羽早年跟随叔父项梁在吴中（今江苏苏州）起义，项梁阵亡后他率军渡河救赵王歇，于巨鹿之战击破章邯、王离领导的秦军主力。秦亡后称西楚霸王，实行分封制，封灭秦功臣及六国贵族为王。

喻意"像雨"有反义，因为雨最终是落在地下的，主失败、凶死，这为项羽的人生结局埋下了祸根!

2. 项雨。脖子下雨。实际有两个喻意:

喻意1:脖子与头紧连,引申为头,头顶的风云。喻意是诸侯争夺天下的战争风云。灭秦后,项羽分封天下诸侯,刘邦被封为汉王。后来刘邦实力越来越大,与项羽展开长期的楚汉战争,严重威胁了项羽的地位。此消彼长,项羽的实力迅速下降。

▲ 西楚霸王项羽像

喻意2:项为脖子,"项雨"是脖子出汗,实际不是汗,是鲜血!公元前202年12月,刘邦与项羽两军在垓下进行一场战略决战,史称"垓下之战"。项羽战败,在乌江边自刎身亡。

■ 李斯

喻意解读:李为里、理;斯为丝、死。

1. 里丝。里面是丝。比喻为蚕,吐出来的是精华。喻意人有才华,有内秀。李斯为秦国的丞相,才能卓越。李斯发明了一种书法,叫"小篆"。历史上有名的传国玉玺,正面有8个字:"受命于天,既寿永昌",就是李斯撰写的。

2. 理死。按理应该死。李斯被奸臣赵高所害,于秦二世二年,被腰斩于咸阳闹市,并夷三族。

■ 范增

范增，是秦末农民战争中项羽的主要谋士，被尊为"亚父"。

喻意解读：范为范、饭；增为增。

1. 范增。模范的增加。喻意是才能与人才的增加。

2. 饭增。饭量增加。喻意之理不通，人的饭量在成年后就基本固定了，没有太大的变化，随着年龄的增加，会减少而不会增加。所以实际的喻意是人生的成功不能再增加，再增加就承受不了，只能无奈放弃。公元前206年，刘邦与项羽先后攻进秦朝的首都咸阳，秦王子婴被处死，秦国灭亡。当时项羽兵力40余万人，刘邦的起义军只有10万人，相差悬殊。在鸿门宴上项羽没有听从范增的建议，没有杀死刘邦。

■ 刘邦

刘邦，是汉朝开国皇帝，中国历史上杰出的政治家，卓越的战略家和指挥家，也是汉族和汉文化伟大的开拓者。

喻意解读：刘为流、留；邦为邦、帮。

1. 留帮。留住帮助。喻意是获得广大人群支持和拥戴的人。刘邦出身农家，文化不高，但聪明干练，善于结交人和用人。秦朝末年，曾任沛县泗水亭长，因为释放服役刑徒，而亡匿芒砀山中。陈胜起事后不久，沛县周围约3000名子弟响应起义，在刘邦的指挥下攻占沛县等地，称沛公，不久投奔项梁。公元前206年十月，刘邦军队进驻灞上，秦王子婴向刘邦投降，秦朝灭亡。刘邦废秦苛法，与关中父老约法三章。鸿门宴后被封为汉王，统治巴蜀地及汉中一带。

2. 流邦。流动的友邦。喻意是人才济济，贤臣、良将众多。刘邦知人善用，注意纳谏，逐渐联合各地反对项羽的力量，实力逐渐强大。在张良、萧何、陈平等文臣的谋划下，任用军事奇才韩信为大将，逼得西楚霸王项羽自刎乌江，随后刘邦统一了天下，即皇位，史称西汉。

■ 张良

张良，秦末汉初杰出的谋士，助刘邦建立汉朝。

喻意解读：张为张、章；良为良、凉。

1. 章良。良好的文章。喻意文采超群，足智多谋。张良出身于战国时韩国贵族世家，后家族衰败，曾与大力士仓海君在博浪沙行刺过秦始皇，失败后逃亡途中幸遇黄石公，学会"太公兵法"。后投奔刘邦，以出色的智谋协助汉高祖刘邦在楚汉战争中最终夺得天下，功成名就。

2. 张凉。张扬的冷却。喻意在地位的高点，知道降温，急流勇退，保全自己。刘邦在取的天下后，诛杀非刘姓的诸侯，张良隐退，云游四海，才免遭不测。

■ 萧何

萧何，是刘邦最为倚重的大臣，政绩突出。

喻意解读：萧为萧、晓；何为河、和。

1. 萧和。箫声和谐。喻意是有强大的组织协调能力和精神财富。萧何早年是沛县的功曹，就是县里狱吏，多次帮助过刘邦。刘邦起义后，萧何一直追随他。攻克咸阳后，他接收了秦丞相、御史府所藏的律令、图书，掌握了全国的山川险要、郡县户口，对日后制定政策和取得楚汉战争胜利起了重要作用。

楚汉战争时，他留守关中，使关中成为汉军的巩固后方，不断地输送士卒、粮饷支援作战，对刘邦战胜项羽、建立汉朝起了重要作用。萧何采撷秦六法，重新制定律令制度，作为《九章律》。在法律思想上，主张无为，喜好黄老之术。公元前196年又协助刘邦消灭韩信、英布等异姓诸侯王。刘邦死后，他辅佐汉惠帝。

2. 晓河。知晓富贵。河为水，在姓名学中代表财富、感情、智慧。萧何一生青云直上，富贵悠悠，没有太大的闪失。在识人、用人方面独具慧眼。韩信出身低微，早年投奔项羽，给个执戟郎的差事，怀才不遇。韩信又投奔刘邦，刘邦也没看得起韩信，赏给韩信一个搜粟都尉的官，掌管生产军粮。韩信多次同萧何交谈，萧何也十分赏识他。刘邦被项羽封为汉王，从长安到达南郑，就有数十位将领逃亡。

韩信面对萧何等人多次在刘邦面前举荐自己而刘邦不用的局面，决定也逃走。萧何听说韩信逃走，来不及向刘邦报告便去追赶韩信。萧何乘着夜色骑着快马追赶，累得要死，最后总算追上了韩信，将他劝回来。说动了刘邦，重用了韩信，拜韩信为大将军。萧何月下追韩信之事，成为识人、爱才、用才的经典历史故事。

韩信

韩信，是西汉的大将军，中国历史上著名的军事家，善用谋略。与萧何、张良等都是汉初杰出的人物。

喻意解读：韩为含、寒；信为信。

1. 含信。含有信念与信心。喻意是心怀大志，锐意进取的人。也预示是一个有计谋、内秀的人才。韩信早年贫困，受人欺负，在他的家乡淮阴，有个屠户难为韩信，韩信无奈被迫从其胯下爬过，成为韩信饱受屈辱的一段经历。后来投奔项羽，做执戟郎，不受重用。又投奔刘邦,受到器重,官拜大将军。在以后的楚汉争霸中,韩信精彩地演绎了"明修栈道,暗度陈仓""背水一战""十面埋伏"等经典战例,成为历史上的军事奇才。

2. 寒信。寒冷的信念与信心。喻意未来的追求或者结果很残酷。刘邦在楚汉战争中,大封功臣。韩信立下赫赫战功,也不例外,西汉建立后,韩信被封为齐王,成为非刘氏宗亲中封王的少数人之一。以后刘邦猜忌异己,在铲除了彭越、英布两位诸侯王后,韩信的地位受到威胁,被贬为淮阴侯。最后吕后把韩信骗至皇宫的钟室中乱刀砍死了,并诛杀其三族。

▲ 韩信像

陈平

陈平,是刘邦的谋臣,也是西汉王朝的开国功臣之一。

喻意解读:陈为陈、沉;平为平、瓶。

1. 陈瓶。一直珍藏的瓶子。陈,引中为延续。瓶子一般都装液体、精华的东西。喻意有锦囊妙计、极高的才华。

陈平的人生轨迹告诉我们,陈平的智商的确很高,常常在危机关头有锦囊妙计来化解……

2. 沉平。下降很平稳，喻意事业、寿命平稳，安全而终。汉高祖死后，吕后以陈平为郎中令，辅佐汉惠帝。惠帝六年（公元前189年），与王陵并为左、右丞相。王陵免相后陈平擢升为右丞相，但因吕后大封诸吕为王，陈平被削夺实权。吕后死，陈平与太尉周勃合谋平定诸吕之乱，迎立代王刘恒为汉文帝。文帝初，陈平让位周勃，为左丞相，因明于职守，受到文帝赞赏。不久周勃罢相。陈平专为丞相。公元前178年，陈平病死，谥号为献侯。

刘恒

汉文帝，叫刘恒，是文治天下的帝王之一，对母亲十分孝敬，成为中国二十四孝图中的人物。

喻意解读：刘为留、流；恒为恒。

1. 留恒，留住永恒。事物是变化的，能保持住良好的状态是很难的。喻意有稳定的地位和长远的政策，也预示一生勤奋的追求。

2. 流恒。恒是一，为阳，为儿子，由亲儿子继承帝位。

刘启

汉景帝，叫刘启，是汉文帝的第5子，继承汉文帝文治天下、休养生息的政策，史称"文景之治"。

刘启，喻意解读：刘为留、流；启为起、启。

1. 留启。留住受到启发。刘启平定七王之乱后，总结了动乱的教训，大力消弱诸侯王的郡县，收归国家所有。采取一系列的中央集权政策，稳固了汉朝的统治，增强了国家的实力。

2. 流起。流动的崛起。喻意后世继承之君是有大作为的。刘启临终前，为太子刘彻主持加冠（成年礼）典礼，不久，刘启病死于长安未央宫，享年48岁。随后太子刘彻继位，就是后来的汉武大帝，他确实将汉朝的伟业推向一个新的高度……

■ 晁错

晁错，西汉时期的政治家、文学家，汉文帝时期主要成就为移民实边、削藩。

喻意解读：晁为潮、朝，潮为水，主智谋、政策；错为错。

1. 潮错。潮汐错误。潮汐有涨潮有退潮，来去匆匆，是自然现象，没有什么错误。可在姓名学中，是致命的错误，喻意思想、政策的错误，主大凶。晁错急功利切的削藩政策一实施，就惹出了"七王之乱"的大麻烦。

2. 朝错。朝廷错误。喻意被朝廷抛弃，做了冤死鬼。可惜啊，晁错的姓后面配"错"字，都是错的；对的也是错的。最后被学生腰斩于市，身首异处，下场可悲。

■ 刘彻

汉武帝，叫刘彻，是历史上抗击北方匈奴最有名的君主，雄才大略，古今少有。也是睿智与残暴的结合体。

喻意解读：刘为留、流；彻为彻、撤。

1. 留彻。留住彻底，是倒句，应为彻底留住，保持长久的进取状态！刘彻是一位大有作为的帝王，在位54年。他立志抵御外敌，富国强民，开疆扩土的信念与政策是坚定地、长久的。汉武帝开创了西汉王朝最鼎盛繁荣的时期，是中国封建王朝第一个发展高峰，他的治理使汉朝成为当时世界上最强大的国家。

2. 流撤。流动撤离。流动的是思想。喻意思想、政策的改变。刘彻对匈奴发动了多年的征伐，开疆扩土，功勋显赫。但也劳民伤财，损失很大，所以在晚年宣召天下，不再对外征伐，发展生产，休养生息，确实撤了。

■ 卫青

卫青，是汉武帝时期抗击匈奴的大将军，功勋显赫，青史留名。

▲ 汉武帝刘彻

喻意解读：卫为卫、保持；青为青、植物的本色。

1. 卫青。保卫青天，喻意是朝廷的栋梁。卫青出身骑奴，武艺高强；隐晦的身世养成了冷静、刚毅的性格。后来受到汉武帝的重用，在对匈奴的征伐中立下汗马功劳，官拜大将军，成为武帝的重臣。

2. 卫青。保持青色。青色象征生命旺盛、事业发达。所以卫青既发达又长寿。卫青晚年自然逝世，具体出生时间不详，据推测大约50岁。

■ 霍去病

霍去病，是汉武帝时期又一位抗击匈奴的大将军，也是最年轻的将领，最受汉武帝的赏识。

喻意解读：霍为祸、灾祸；去为去；病为病。

1. 祸去病。病代表阻力或失败。去病为吉，偷袭匈奴成功，成为军事天才，声名远播，最为汉武帝赏识与器重。

2. 祸去病。祸比病大，去不了病。喻意凶。公元前117年，霍去病因感染瘟疫而去世，天才将星陨落，年仅24岁，令世人惋惜。汉武帝对霍去病的死非常悲伤，将霍去病安葬在自己茂陵的东面，将他的坟墓修成祁连山的模样，彰显他力克匈奴的历史奇功。

霍去病的名字正反喻意是先去病，后得病。正反喻意都很大，两头都走的是极端。霍有灾祸、危险之意，最终祸没能"去"了病，祸比病大，也不可能去了病。

■ 李广

喻意解读：李为理、力；广为广。

1. 力广。力量广大，喻意才能高。李广骁勇善战，臂力过人，能拉硬弓，有"飞将军"之称，匈奴人都畏惧三分。

2. 理广。理论要求精，太广了就不一定是理论了，而是怨气了。李广南征北战几十年，由于运气欠佳，一直没被封侯，抑郁终生，最后羞愧自杀。

■ 司马相如

司马相如，是汉景帝与汉武帝时期的著名辞赋家，妻子卓文君也是才女，他们的爱情故事更是传为佳话。

喻意解读：司为四、死；马为马；相为相；如为乳、濡。

1. 四马相乳。四个马一块吃奶，喻意母马高大、强壮无比，奶水极旺。奶水为智慧或才能，也主文采超凡。《长门赋》是司马相如很有名的一篇骚体赋，有一段典故来历。陈阿娇是汉武帝的皇后，从小娇惯任性，当皇后10余年都没生孩子,后来随着卫子夫入宫受宠,且怀孕生子,更遭到汉武帝的冷落。陈阿娇心急难安,施以蛊诅他人求己亲媚之邪术,后来此事败露,被汉武帝打进长门宫。在冷宫中的陈阿娇不甘心失败,想出一计。她听说司马相如是当朝最擅长写诗词歌赋的人,于是派人献上黄金百斤给司马相如,要求司马相如写出能解悲愁的诗词。司马相如就答应了,很快就写了这篇《长门赋》献给汉武帝。《长门赋》的故事也成为一段爱情史诗的典故。

2. 死马相濡。喻意生死相依。司马相如和卓文君结成夫妻后感情融洽,最后白头到老,有始有终。

卓文君

卓文君,是汉朝时一个才女,也是大辞赋家司马相如的妻子。两人的爱情故事,广为流传。

喻意解读:卓为卓、啄;文为文;君为君。

1. 啄文君。啄是鸟嘴的动作,"啄文君"就是用文字、语言来敲打或感动她的丈夫。司马相如与卓文君相处时有了一些间隙,后来他们互用诗词来表白心意,都受到感动,感情又重新恩爱有加。

2. 卓文君。丈夫的文采很卓越。司马相如的文采名副其实,

▲ 西汉才女卓文君

汉武帝都在追捧，连连夸好。

■ 东方朔

东方朔，是汉武帝时代一个传奇人物，他饱读史书，精通兵法，当过常侍郎、太中大夫等职。他性格诙谐，言辞敏捷，滑稽多智，精通玄学，尤其精通测字算命，准确无比，常取乐汉武帝及群臣。后来看透官场的狡诈、黑暗，毅然归隐田间，成为形影不定的神秘人。

喻意解读：东为东；方为方；朔为朔、槊。

1. 东方槊。东方的槊。槊是古代一种兵器，五行为金，主杀伐；东方五行为木，主仁慈。综合喻意就是外刚内柔，内藏锦秀；外显粗野，有很高的治国才能。

2. 东方朔。东方不见太阳。朔的本意是指每月农历初一，月球恰好运行到与太阳黄经相等的时刻，此时地面观测者看不到月面任何明亮的部分。喻意是搞玄学的高手，知阴懂阳，能洞察事物的吉凶祸福。一句话，搞阴阳学的人。

■ 吕雉

吕雉，是汉高祖刘邦的皇后。高祖死后，被尊为皇太后。吕雉也是秦始皇统一中国，实行皇帝制度之后，第一个临朝称制的女性，被司马迁列入记录皇帝政事的本纪，后来班固作汉书仍然沿用。她开创了汉代外戚专权的先河。

喻意解读：吕为履；雉为志、制、雉。

1. 履志。履为鞋，引申为脚。脚下的志向，是大志向。吕雉是刘邦明媒正娶的第一位夫人，她嫁给刘邦之时，刘邦只是沛县的一个泗水亭长,还没成事,算是结发之妻。吕雉贤惠,但性格刚毅,有实际才能,遇事能隐而不发,有超出常人的心理素质。刘邦常年在外征战,不能顾家,都是吕雉在家负责一家老小的生活起居。后来她还和公公、孩子被项羽囚禁,但比较乐观,鼓励家人,以后一定能出去的,表现出非凡的人格。

2. 履制。制住脚下。脚下为大地,喻意是执掌乾坤的人。刘邦夺得天下后,吕雉成了皇后,母仪天下,很是风光。汉高祖刘邦死后,吕雉被尊为皇太后,从此。吕雉就开始走上了专权的道路。汉惠帝死去后,吕雉立年幼的太子刘恭为帝,把自己娘家人吕台、吕产、吕禄封为将军,统领南北二军,在宫中也大多安排自己的人。吕雉临朝听政,掌握了军政大权,成为中国太后专政的第一人。

■ 张骞

张骞,是汉代卓越的探险家、旅行家与外交家,对丝绸之路的开拓有重大的贡献。开拓汉朝通往西域的南北道路,促进了中原与两域的政治、文化、经济的了解与交流。

喻意解读:张为张、章;骞为迁。

1. 张迁。张扬的迁徙。张骞是奉汉武帝之命出使西域的,名正言顺。
2. 章迁。文章的迁移。喻意是文化、政治、经济的交流。

■ 司马迁

司马迁,是汉武帝时的太史令,对天文星象也有很深的造诣。因得罪汉武帝,受到宫刑,但身残志坚,最后写成对后世影响巨大的历史史书《史记》,从而名垂千古。

喻意解读：司为四、死；马为马；迁为牵、谦、迁。

1. 四马牵。四马牵引的是战车，是历史的车轮。要不怎么后人了解中国的历史，先看司马迁的《史记》呢！

2. 死马谦。死马很谦虚。喻意是司马迁写的内容很真实，最接近实际情况。

3. 死马迁。死马迁徙。喻意他的事迹和作品死后流传后世，永不磨灭。

■ 董仲舒

董仲舒，是汉朝时代的大儒，主张"天人感应""大一统"学说，坚持"罢黜百家，表彰六经"的主张。董仲舒认为，"道之大原出于天"，自然、人事都受制于天命，因此反映天命的政治秩序和政治思想都应该是统一的。汉武帝接受了董仲舒的建议，实行"罢黜百家，独尊儒术"的政策，将儒学作为正统思想。董仲舒的儒家思想维护和促进了汉武帝的集权统治。

喻意解读：董为懂；仲为中、终；舒为书、枢、输。

1. 懂中书。懂得书中的内容。董仲舒出生在家有大批藏书的大地主阶级家庭，从小博览群书，学识渊博。在30岁时就招了很多学生，精心讲课。他的声誉也日益扩大，在汉景帝时当了博士，掌管经学讲授。

2. 懂中枢。懂得中枢。即为懂得中央政权。董仲舒实际上是强化君主，皇权至上的思想，符合汉武帝的政治需要，所以被采纳和应用。晚年的董仲舒虽然养病在家，但仍十分关心朝政大事，汉武帝也经常派人到他家向他请教，董仲舒都提出很明确的见解和看法。后来，张汤把询问董仲舒的部分材料，整理为《春秋决狱》一书。

3. 懂终输。懂得最终输在哪里。

■ 主父偃

主父偃，是汉武帝时的纵横家，怪才人物。由于很有政治才能和文采，受到汉武帝的重用。

喻意解读：主为主、猪；父为父、富；偃为眼。

1. 主父眼。指父亲的眼神。喻意态度严厉，观察力强，明察秋毫。主父偃的个性古怪、刁钻，人格异类，与很多人都不能处好关系。正是这样的怪人，才有奇异的才能。主父偃上书汉武帝，提出《推恩令》的政见，削弱诸侯国的权力，加强中央集权，受到汉武帝的重视，多数意见被采纳。

2. 猪富眼。猪的追求是美食，眼睛老盯着好吃的。喻意很有心计，但又很贪婪。主父偃在受到汉武帝重用后，很霸气，揭发燕王有乱伦行为。使燕王自杀。后来想让自己的女儿嫁给齐王，事情没成后记恨齐王，又揭发齐王有乱伦之事。汉武帝派主父偃去齐国任国相，查办此事。齐王年幼，胆小怕事，一着急喝药也自尽了。赵王揭发主父偃受贿，主父偃被汉武帝查办下狱，介于舆论压力，被诛杀。

■ 苏武

苏武，是汉族人，西汉大臣。汉武帝时为中郎将，出使匈奴时被羁押。

喻意解读：苏为酥、苏；武为武。

1. 酥武。酥引中为松散、空洞。喻意英雄没有用武之地。

2. 苏武。苏醒的武力。喻意英雄有了用武之地。

苏武牧羊的故事，感动了一代又一代的中国人，成为一个爱国者的传奇历史故事。

▪ 霍光

喻意解读：霍为霍、祸；光为光。

1. 霍光。霍霍发光。光主才能，也主发达，更主快。喻意是快速发达的人。霍光是霍去病的弟弟，"蛊惑之乱"后，受到汉武帝的器重和重用，成为托孤之臣，辅助太子刘弗陵登基，名噪一时。

2. 祸光。霍光死后，汉宣帝为清除霍光的势力，以霍家谋反的借口，诛杀全族。

▪ 王昭君

王昭君，是汉元帝时期的一个宫女，为了和匈奴和亲的政治需要，被冒充为公主，出塞远嫁大漠，当了匈奴单于呼韩邪的阏氏。

喻意解读：王为王、亡；昭为召、招；君为军、君。君，代表女子或男子。

1. 王召君。王侯召见女子。召见女子的目的是得到她，或者娶她为妻。倒过来的意思就是女子要嫁给王侯。

2. 王招军。男人要在军中找。王，引申为男人。

3. 亡召君。死亡召见丈夫，喻意死丈夫。王昭君出嫁3年后，呼

▲ 昭君出塞图

韩邪单于逝世。呼韩邪长子雕陶莫皋继承单于，按匈奴礼俗，王昭君又嫁给雕陶莫皋。11年后雕陶莫皋去世，王昭君已经35岁了，从此没有嫁。她努力发展和维护与汉朝的友好关系，做出了历史贡献。

西汉末年，由于外戚王莽篡权，与匈奴的关系边疆烽火迭起，战乱不断，王昭君在幽怨凄清绝望中死去，葬在大黑河南岸（在今内蒙古呼和浩特市旧城南9公里处的大黑河畔，据说入秋以后塞外草色枯黄，唯王昭君墓上草色青葱一片，所以叫"青冢"）。

王昭君出塞的历史意义，她促进了汉朝和北方民族的交流和融合，使安定的和平局面保持了60多年，功不可没。那个时代的一个女流之辈，能有这样的功绩，已经十分难能可贵了。两千年来，很多的名人、学者，写了很多的诗歌来追忆、怀念这位传奇的巾帼英雄。

■ 刘秀

光武帝，叫刘秀，是东汉第一个皇帝，出身寒微，用武力打败窃国大盗王莽，夺得天下。

喻意解读：刘为留、流；秀为秀。

1. 流秀。秀，引申为才能。流动的才能。喻意有丰富的才能。刘秀治国还是有一套的，有一定的政绩，史称"光武中兴"。

2. 留秀。秀，引申为生命。留住生命。喻意长寿，刘秀终年62岁。

■ 王莽

王莽是外戚，窃取了西汉政权，建国号为"新"。是够新的，没多长时间就亡国了，要是能旧的话，也许就能长远了。

喻意解读：王为王、亡；莽为蟒蛇。

1. 王莽。最大的蟒蛇，蛇蝎心肠，一定是奸臣贼子，篡政夺权的人。公元8年12月，王莽逼迫王政君交出传国玉玺，接受孺子婴禅让后称帝，改国号为"新"。

2. 亡莽。蟒蛇死亡。实际果然应验了，公元23年，绿林军攻入长安，王莽逃至渐台，被商人杜吴所杀，大新朝仅仅维持10多年就灭亡了。

■ 张仲景

张仲景，是东汉著名的医学家，他根据自己多年的实践和理论，写出了传世巨著《伤寒杂病论》，创立中医治病的原理和方法，被后人尊称为"医圣"。

喻意解读：张为张、章；仲为中、终；景为井、景。

1. 张中井。张扬在井中。实际是不可能的事，人掉在井里是很悲观的。那么在井中做什么呢？井又是什么？是熬制草药，是温火熬，水只能张扬，不会大量喷出。经常干这活的人，一定是医生或者很有医药经验的人。

2. 张中景。张扬在景色中。那不是逛景娱乐，而是在山中采药，风景好的地方，地势一般比较险峻，有时更能采到珍贵的药材。

3. 章终景。章引申为书。书籍最终在景色中。是张仲景写的珍贵书籍，流传后世，成为医学的历史亮点。

■ 班固

班固，是东汉著名史学家、文学家。出身儒学世家，从小聪明伶俐，博览群书，对儒家经典及历史无一不精。在班彪《史记后传》的基础上，历时20余年，完成了《汉书》。

喻意解读：班为班、搬；固为固、故。

1. 搬固。搬得牢固。说明是一个力气很大或者有点功夫的人。

2. 搬故。搬过去的事物。过去的只能是历史，所以是个写历史传记的人。

3. 再搬也不动。搬不动的是死物，主凶。

华佗

华佗，是东汉末年著名医学家，钻研医术而不求仕途。华佗在中药研究方面，是中国医学史上为数不多的杰出医生之一。

喻意解读：华为滑、话、华；佗为陀、驮。

1. 滑陀。滑动的陀螺。陀螺自传且移动，那喻意什么呢？点穴、揉穴之意。陀螺就是手了，不停地揉，在不断地变换位置或穴位。

2. 话驮。说话很多，一遍又一遍，很多是重复的。那是医生的诊断和嘱咐，有很多话给类似的病人也说过很多次。

3. 华驮。被中华驮起，是被中华民族敬仰、崇拜、借鉴之意。

4. 滑陀。滑动的陀螺时间不会太长，自己就会停下来。停下来主凶或短寿。华佗是三国时代最杰出的医学家，他不但精通用麻醉、针、灸等方法治病，而且

▲神医华佗

擅长开胸破腹的外科手术。开胸破肚做手术是西医的特点，华佗也算现代西医的鼻祖了。华佗在老年时期，医术声名远扬。大枭雄曹操早年有头痛的老毛病，老年以后，越发严重。发作时心乱目眩，头痛难忍，多方医治疗效都欠佳。曹操久闻华佗大名，特招来华佗诊治，华佗给曹操扎针后，头痛消失效果很好。曹操很高兴，问能否根除此病，华佗说，瘤在头内，需打开头颅，取出风疾之物，才能去病根。曹操多疑，认为华佗是要谋害自己，大怒，把华佗下了监狱。在狱中严打拷问下，华佗含恨死去。

■ 曹操

曹操，就是魏武帝，生前没当皇帝，死后他儿子曹丕追封他为魏武帝。曹操是军事家、政治家。

喻意解读：曹为操、草；操为草、操。

1. 草草。草的数量巨大，说明是集团。草中之草，是管众人的官。

2. 操草，草就是众人，民众。"操草"是骂人的话，这名能是好玩意吗？一定是个奸诈小人；操弄多数人的人，一定是地地道道的奸雄、枭雄。实际就是这样，曹操抱着"宁让我负天下人，不让天下人负我"信念一直走到人生的尽头，死了还怕别人报复，为防止有人掘坟抛尸一类的事情，墓地没留下一点蛛丝马迹，谁也不知在哪里。真实墓地在近两千年后的2009年才在河南安阳市安丰乡被发现，这个人"藏"得很深，不愧为中国历史上第一奸雄，也算名副其实了。

■ 袁绍

袁绍，汉末著名人物。

喻意解读：袁为圆、源；绍为少。

1. 源少。少年的源泉。喻意才能出众，支持者众多。

2. 圆少。小的成功。喻意不是成大事的人。袁绍在公元200年的官渡之战中被曹操打败而归，从此，元气大伤。在平定冀州各处叛乱之后，于公元202年夏天病死。

■ 曹丕

曹丕，是曹操的长子，当了大魏的皇帝，庙号为高祖文皇帝，有一定的政绩。称帝7年，在40岁就去世了。

喻意解读：曹为草；丕为劈、披、大。

1. 草丕。大草。丕本意为大；草为众人。喻意是地位很高的大人物。

2. 草劈。草再劈开，一般不会马上死，只是生命力弱，实为短寿之象。

3. 草披。身上披草。喻意是坟头长草，死亡之象！公元226年6月，曹丕病逝于洛阳，时年40岁。

■ 司马懿

司马懿，是曹操很器重的人物，文武兼备。曹操是奸雄，都没看破司马懿的野心，说明司马懿确实厉害，绵里藏针，藏而不露。

喻意解读：司马，为死马；懿为疑、怡。

1. 死马疑。一匹死马，还在怀疑什么呢？答案出乎常人想象——想复活！实际的意思以马喻人，在人生的最低谷，也要励精图治，等待时机，随时做好反击的准备。这是多么顽强的精神和毅力，非常之人。一旦遇到机遇，马上抓住而成功。司马懿曾任职过曹魏的大都督、大将军、太尉、太傅，是辅佐了魏国四代的托孤辅政之重臣。晚年大将军曹爽专权，司马懿装病在家，两个儿子也赋闲在家，静等时局变化，等待时机崛起掌权。

2.死马怡。死马高兴。实际司马懿确实是一只老狐狸，别人探望他，他装病，一副快要死去的样子，曹爽与天子一旦出城远去，马上一百二十倍的精神来了，乘机夺权。从此司马父子牢牢掌控了曹魏政权，后来他的孙子司马炎称帝，建立了西晋王朝。但西晋统一很短暂，又分离了。

■ 司马昭

司马昭，是三国时期曹魏的权臣，是西晋王朝的奠基人之一。

喻意解读：司马为死马；昭为朝、召、昭。

1.死马朝。早晨的死马，是贪睡的马。喻意是深沉、内敛，心有计谋的人。司马昭是曹魏名臣司马懿的次子，他的哥哥是司马师。司马懿足智多谋，办事干练，深得曹操父子的器重，也深深地影响着他的两个儿子，言谈身教之间，司马昭兄弟逐渐成才。司马昭继承了父亲的个性特点，做事沉稳，不大显山露水，内藏锦绣。早年随父抗蜀，多有战功。

2.死马召。死马的召唤。喻意是机遇的来临。公元255年，司马昭的哥哥司马师率大军东征中，眼疾发作，不治身亡，司马昭继承了哥哥的权力。到洛阳后，晋位为大将军，加侍中，都督中外诸军、录尚书事，辅助朝政，带剑穿履上殿。公元263年冬，司马昭灭蜀国。魏元帝于公元264年5月再次下诏拜司马昭为相国，封为晋王，加九锡。

3.死马昭。马死后有光明。昭，为光明。喻意有儿子接班且光艳无比。

公元265年，司马昭病死，死后葬在崇阳陵，数月后司马昭被谥为文王。他的儿子司马炎代魏称帝，国号晋，史称西晋。西晋建立后他被追封为文帝，庙号太祖。

■ 周瑜

周瑜，是三国时东吴的大将，文韬武略。

喻意解读：周为周、粥；瑜为鱼。

1. 周鱼。周围都是鱼。喻意是人才众多，团体力量很大。

2. 粥鱼。粥中之鱼。喻意很凶，主凶死或者短寿。

■ 刘备

刘备，是三国时蜀国的皇帝，卖草鞋出身，但血统高贵，是东汉皇室贵族后裔。

喻意解读：刘为留、流；备为备。

1. 流备。流动备用。喻意手下文臣武将，人才济济。

2. 留备。留住备用，是继承者，也是托孤的重臣。诸葛亮忠心辅佐后主刘禅，多次北伐，最后累死在五丈原。

■ 诸葛亮

诸葛亮，字孔明，是中国家喻户晓的名人。以其卓越的才能、高贵的品质、无比的忠诚成为楷模的化身。

喻意解读：诸为诸、竹；葛为隔；亮为亮。

1. 诸隔亮。诸多的事物，有阻隔，都能看透彻，看明白。喻意是拥有大智慧与远见的人。诸葛亮出山辅佐刘备时，就提出了三分天下的《隆中对》，正确的谋略成为数十年刘备和蜀汉的基本国策。

2. 竹隔亮。喻意智慧与名节的传播。诸葛亮一生多才多艺，军事谋略、文采都很出众，其散文代表作有《出师表》《诫子书》等。他还是一个发明家，曾发明木牛流马、孔明灯等；改造连弩，叫作诸葛连弩，可一弩十矢俱发，大大提高了对敌方的杀伤力。

诸葛亮的名字前无古人，后无来者！非常好。但是名字里藏缺点，那就是竹子太亮了，有竹子燃烧的可能。照亮别人燃烧自己，对自己损耗很大。诸葛亮一生是操劳的命，最后累死在五丈原的军营中，终年54岁。

■ 关羽

关羽，是三国时与刘备结义的二弟，智勇双全。

喻意解读：关为关、观；羽为羽、雨、宇。

1. 关雨。关引申为禁止。禁止下雨。雨五行为水，代表财富、智慧、感情。喻意是重义轻财的人。

2. 关羽。关闭羽翼。喻意是受束缚、不自由的人。公元219年11月，东吴的大将吕蒙采用"白衣渡江"之计，巧取了荆州，关羽在撤军时，士卒渐渐溃散，关羽退至麦城。12月，关羽率数十骑出逃，一路突围至距益州不过一二十里的临沮，遇潘璋部将马忠的埋伏，被活擒，和长子关平在临沮一起被害。孙权将关羽首级送给曹操，曹操以诸侯之礼将其安葬于洛阳，同时孙权则将关羽身躯以诸侯礼安葬于当阳，即关陵，也称当阳大王冢。蜀汉在成都为关羽建衣冠冢，即是成都关羽墓，以招魂祭祀。

3. 观宇。观测宇宙。喻意是历史的声名响彻天空。关羽死后，后人感念关羽的忠勇，将关羽列为忠义的楷模。历代帝王都以关羽为忠义的化身，成为教育忠君爱国信念的典范。后来修了很多祭祀关羽的庙宇，将关羽越来越神化，还成为生意人的武财神……

张飞

张飞，是三国时刘备桃园三结义的三弟，勇猛无比，是中国人心中的猛汉形象之一。

喻意解读：张为张、章；飞为飞、匪。

1. 张飞。张扬的飞。喻意是高高在上的人，很容易出人头地。张飞与刘备、关羽结拜后，真心辅佐大哥刘备争天下，取得很多传奇战绩。公元208年，曹操挥师南下，刘表病死，刘琮投降。刘备在长坂坡败退，张飞仅率20骑断后，立马横刀断后在桥头，因其勇猛，曹军没人敢逼近；与诸葛亮、赵云等进军西川时，于江州义释严颜；汉中之战时又于宕渠击败张郃，对蜀汉贡献极大，官至车骑将军、领司隶校尉，封西乡侯。

2. 张匪。张扬的土匪。实际张飞不是土匪，是刘备的正规军，只是性情暴烈，话不投机，容易翻脸，还常鞭打士卒。他的优点是忠义、忠勇。能征惯战，有万人敌之称。

3. 章飞。章为死物，喻意死亡的飞行。

■ 赵云

赵云，是三国时蜀国的五虎大将之一，武艺高强，且智勇双全。

喻意解读：赵为照、罩；云为云。

1. 照云。照射云彩。照为光，为思想、追求。喻意是追随高层的人。汉末诸侯混战，赵云率领义军加入白马将军公孙瓒的阵营，其间结识了汉室皇亲刘备，后来因为兄长去世而离开。七八年后，赵云又与刘备在邺城相见，谈得甚是投机。从此追随刘备，取得卓越战绩，深得刘备器重。

2. 罩云。喻意是高层离不开的保护人。

■ 马超

马超，是三国时蜀国的大将，武艺高强，能征惯战。

喻意解读：马为马；超为超、抄。

1. 马超。头马，打头的马。喻意是出类拔萃的人才。马超是汉末卫尉马腾的长子，早年随父征战，马腾入京后，马超留驻地割据三辅，屯兵于槐里，又割据陇上诸郡。

2. 马抄。喻意名誉的传播。

■ 刘禅

刘禅，刘备之子，软弱无能。后投降司马昭，被封为安乐公，老年待遇不错。

喻意解读：刘为留；禅为善、膳。

1. 留善。长期保持善良，喻意为迂腐、窝囊。

2. 留膳。留住饭食。喻意留住生命。打不过就投降，保命要紧。

■ 庞统

庞统，字士元，号凤雏。是三国时刘备手下的重要谋士。

喻意解读：庞为庞、螃；统为桶。

1. 庞桶。庞大的水桶。水为智慧。喻意有极高的智慧和才能。庞统，是襄阳名士，声名有加，襄阳的庞德公称庞统为"凤雏"，诸葛亮为"卧龙"。徐庶曾对刘备说，卧龙凤雏，得一而可安天下！刘备占据荆州，领荆州牧，庞统去投刘备。刘备不识人，委任其为耒阳县令。庞统在任期间不理县务，被免官。东吴鲁肃写信给刘备，告诉刘备庞统不是百里之才。诸葛亮也对刘备说起过庞统，于是，刘备召见庞统，经过一番交流过后，刘备对庞统大为器重，任命他为治中从事，亲密程度不亚于诸葛亮，后庞统和诸葛亮同为军师中郎将。

2. 螃桶。桶中的螃蟹。喻意很凶，主凶死或者短寿。

▲ 庞统像

■ 司马炎

司马炎,是晋朝开国皇帝,结束了三国诸侯割据的混乱局面。也是曹魏权臣司马懿的孙子,司马昭的嫡长子。

喻意解读:司马为死马;炎为言、炎。

1. 死马言。死马的言论。只有活着有发言权的人,死后才能留下言论记录。实际喻意是执掌乾坤的人,死后也留下精神财富。

2. 死马炎。死马发炎。实际是死马腐败了。喻意很凶,主凶死或者短寿。公元279年灭吴后,司马炎统一了中国,进取心逐渐下降,奢侈腐化,逐渐怠惰政事。公元290年病逝,终年54岁,寿命不算长,葬于峻阳陵。

■ 王羲之

王羲之,是东晋时期著名书法家,有"书圣"之称。当过东晋的秘书郎、宁远将军、江州刺史、会稽内史、领右将军等职。其书法擅长隶、草、楷、行各体,精研形体与韵势,自成一家。最有名的作品是《兰亭序》,影响深远,被誉为"天下第一行书"。

喻意解读:王为王、亡;羲为惜、稀;之为之、子。

1. 王惜之。王侯或帝王很珍惜。是珍惜王羲之的字、书法。

2. 亡惜之。死了也很珍惜。流传后世的书法,很宝贵,有的已经成为国宝级的文物。

3. 王惜子。王侯或帝王很珍惜他的儿子。王羲之的儿子叫王献之,也是有名的书法家,精通"行书"和"草书",还擅长绘画。王献之是晋简文帝司马昱的女婿,当过大官,是中书令,宰相级别。

■ 陶渊明

陶渊明，是东晋末至南朝宋初期伟大的诗人、辞赋家。曾任江州祭酒、建威参军、镇军参军、彭泽县令等。后来厌倦了官场的黑暗和腐朽，而归隐田园，享受自然的自由和乐趣。写了很多田间诗作，散文，著有《陶渊明集》。

喻意解读：陶为陶、逃；渊为渊；明为明。

1. 陶渊明。陶瓷在深水中很明显。是明显地看不清楚，因为水的透光性很差。喻意怀才不遇，境遇欠佳。

2. 逃渊明。逃出深渊很光明。辞去官职，远离黑暗，生活在田园中，很自由快乐。

第三节　隋唐著名人物姓名解读

■ 宇文化及

宇文化及，隋朝末年叛军首领。

喻意解读：字为愚、语；文为文、智谋；化为化、变成；及为己、自己。

1. 语文化己。语言或智谋变成自己。说明自己是个阴谋家，早年取得杨广信任，获得实权，后又杀掉杨广，前半生很风光。

2. 愚文化己。愚蠢的智谋变成我自己。是反句，应为我自己的智谋愚蠢。自己智谋愚蠢一定要失败，是最后失败。

■ 李渊

唐高祖，叫李渊，是强盛大唐的开国皇帝。

喻意解读：李为里；渊为渊、冤。

1. 里渊。里面有很多很深的水。水为财富、智慧、感情，喻意是有大成就的人。

2. 里冤。心里冤屈、憋屈。自己都当皇帝了，怎么还喊冤屈呢？怎么冤的？历史的真相是这样的：李渊当了皇帝后，他的二儿子李世民与大儿子太子李建成有争权的大矛盾，三子李元吉和李建成是一党。

最后矛盾不可调和，李世民被迫发动了"玄武门之变"，斩杀兄弟于宫墙，造成了骨肉相残的悲剧。三个儿子，就剩一个了，李渊只好立李世民为太子，受儿子的压力，自己也心灰意冷，一个月后，禅位于李世民，自己做了太上皇。李渊晚年心中的苦涩，自己品味到死才算结束。

■ 李世民

唐太宗李世民，是大唐王朝的第二代君主，"玄武门之变"的主角。广纳忠言，励精图治，开疆扩土，开创了"贞观之治"的繁荣局面。

喻意解读：李为里、内人；世为是；民为民。

1. 内心是民。心里是民的不是民，而是大官。一般的民心里总想着我是官呢！所以，李世民的名字是反话，越说是民的，可能是官；越说是官的，可能是民或者是假冒的官。这是名字的反话，是名字喻意的一种类型。李世民的为人，确实是礼贤下士，广纳真言，重用有才能的人为官，减轻赋税徭役，体恤人民疾苦，是广大民众的人民公仆。在封建王朝的帝王中，是很少见的了，实现了我是"民"的愿望，真为实至名归。

2. 内人是民。老婆是农民。喻意是能体察民疾、生活简朴的贤惠女人。实际长孙皇后确实很贤惠，

▲ 唐太宗李世民像

也简朴，但寿命短，36岁就永眠在大地上，死前留有遗言，简朴下葬。长孙皇后的突然离世，给李世民带来无尽的忧伤……

■ 长孙无忌

长孙无忌，是唐太宗的内弟，也是最为倚重的大臣，凌烟阁二十四功臣之首。

喻意解读：长孙为大孙子；无为无限、没有；忌为忌讳。

1.大孙子无限忌讳。2.大孙子没有忌讳。两个大孙子的表述互相矛盾，实际不矛盾！不是一个人。这个名字不说他晚年以前怎么样，只描述他晚年的孙子怎么样，正是姓名学喻意的表现特点——描写最后的归宿。最坏的喻意一定在最后，也就是他的孙子一定是他的最大忌讳或者隐患。

实际上长孙无忌的大孙子对他没什么不好，也没有什么忌讳；即使有，也没什么大事，对他也没什么影响。什么对他影响最大，当然是政治了，卷入孙子辈的政治旋涡，有功也是祸。实际第一个大孙子，是他的外甥，是太子李承乾，自暴自弃被废，真是忌讳啊！第二个孙子也是他的外甥，是唐太宗的三子李治，这个孙子真不忌讳，被长孙无忌看好并扶上皇位。按说长孙无忌以后的晚年没多大问题了，继位的李治一定无比感谢、尊重他这个恩人、舅父。实际不然，李治继位后，由于在立武则天为皇后的问题上与长孙无忌顶了牛，后李治甩开长孙无忌，听信手下的新生派的建议，将长孙无忌撤职流放了，后又赐自尽，最终没得到善终，可悲！可叹！结局虽短暂，但给人的回味是那样的苦涩！

■ 房玄龄

房玄龄，是李世民的第一文臣，有"房谋杜断"之名，杜是杜如晦，都是著名谋臣。

喻意解读：房为房；玄为玄、悬；龄为岭、龄。

1. 房悬岭。房子悬在山岭上。说明是特殊的房子，不是一般人能住的。房子引申为地位，喻意是国家的栋梁，地位显赫。

2. 房玄龄。房子的年龄难以估算。预示是老房子，人文历史丰富。实际喻意有丰富的智谋、历史的声名。房玄龄是唐太宗最为倚重的谋臣，贡献出不少的锦囊妙计，死后被列入凌烟阁二十四功臣谱中的首列！

■ 杜如晦

杜如晦，唐朝初年名相。

喻意解读：杜为肚、杜；如为如；晦为晦、阴暗。

1. 肚如晦。肚子里很阴暗。喻意肚子里的智谋很多，不能随便说出来。

2. 杜如晦。杜绝类似阴暗的事物，说明是洞察一切的明白人、高人、大智慧者。对即将发生的事，提前作出了应对或措施。有意思的是自己肚子里藏阴暗，还要破译出别人肚子里的阴暗来，这人太高明了！

■ 李靖

李靖，隋末唐初将领，是唐朝文武兼备的军事家。

喻意解读：李为里、理；靖为静、靖。

1. 里静。喻意沉稳老练，是非常之人。李世民在"玄武门之变"前夕，曾联系过李靖，请求帮助，但李靖不允，保持中立，因为他看不透两党之争谁会胜利，看不准的事不做。

2. 理靖。理论美好。靖为美好。太宗继位后，虽然对李靖有所猜忌，但还是信任他，多次对外征战，都让李靖为主帅，也多次取得大胜利，深得皇帝的信任。李靖文韬武略，是难得的人才，著有兵书，可惜大都已失传！

■ 李治

唐高宗李治，是唐太宗的三子。政绩一般，由于身体不好，后期大权落在皇后武则天手里。

喻意解读：李为理、里，引申为内人；治为制、治。

1. 理制。理应制住。喻意是顺承天意的人。那是社会最高层的人物，是帝王。

2. 里治。老婆管治，也管治我。老婆管治就不好了，容易女人夺权。李治体弱多病，皇后武则天在李治生前帮助处理政务，逐渐掌握了实权。在李治死后，武则天自己另立国号"大周"，做了女皇帝。

■ 李隆基

唐玄宗李隆基，一生两次政变，勇于开拓，开创了大唐盛世，是唐王朝乃至封建王朝的最高点，史称"开元盛世"。

喻意解读：李为里；隆为隆、追求；基为绩、极。

1. 心里有高大的绩业。

2. 欲望追求到极致。是的，一点不错，李隆基继位后勤勤恳恳，励精图治，富国强民，政治、军事、经济都很强盛，文化艺术更是发

展到历史的极致高度。但他到了晚年贪图享受,骄奢淫逸,"安史之乱"后,自己和大唐的辉煌走了下坡路。物极必反的规律是必然,也是一个人命运规律的真实写照。

杨玉环

杨贵妃,叫杨玉环,是中国四大美女之一,演绎了可歌可泣的爱情悲歌,最后自尽于马嵬坡。

喻意解读:杨为羊、杨;玉为玉、遇;环为环、花圈。

1. 羊玉环。羊遇到环形的绳子,是被拴住了,失去自由。

2. 杨遇环。杨树遇到环,那是电锯,一定被截断了,喻意树死。那时没有电锯,手锯环绕着来回锯,也能把树锯断。

3. 羊玉环。羊身上带着花圈。那是新坟头,也是凶象。喻意很凶,所以很难善终。玉是死物,环为死地,配姓杨,不是好名。所以有些名字叫着好听、舒展,可是喻意不好,不能用。

郭子仪

郭子仪,是唐朝的大将军,辅助太子李亨继位为帝,平叛"安史之乱",战功卓著。

喻意解读:郭为国、郭;子为之、子;仪为义、怡。

1. 国之义。国之义气。忠义爱国,是为国家做出突出贡献的忠臣。

2. 郭子怡。郭的儿子很美好。郭子仪有很高的军事才能,且忠于朝廷,唐代宗将生平公主嫁给他儿子郭暧为妻。郭暧与公主闹过情绪,说过错话。郭子仪随即向皇上请罪,被宽慰,谅解。事件得以平息。后人根据这段故事情节编成了《打金枝》戏剧,到今天还常演不衰,成为经典剧目。

朱温

朱温,是唐末黄巢起义的参与者,后来废唐哀帝李柷,建立"后梁"。

喻意解读:朱为猪、朱;温为瘟。

1. 朱瘟。红色的瘟疫。喻意武力暴动的起义军。黄巢起义军打到宋州,大败唐军,朱温随即参加了黄巢起义军,追随黄巢南征北战,屡立战功,最终成为黄巢手下的一员大将。后来起义军攻克东都洛阳,然后乘胜破潼关,攻入唐都城长安,在长安建"大齐"政权。朱温已经成了"大齐"政权的功臣。

后来黄巢起义军战事不利,朱温又投降唐朝,不久黄巢兵败被杀。朱温在得到唐王朝的重用后积极扩充势力,扫平一个个对手后,逐渐有了自己称帝的野心。

2. 猪瘟。猪瘟可了不得,是猪的一种快速传染病,医治不及时,猪很快就会死去，所以人人都避而远之，怕被沾上。猪瘟这种病毒生命力很旺盛，所向披靡。在大唐晚期，"猪瘟"来了，公元907年，朱温废唐哀帝李柷，自行称帝，建都开封，国号为"大梁"，史称"后梁"。朱温成了唐王朝的掘墓人！

■ 阎立本

阎立本，是唐代画家，官至宰相。擅长绘画、书法、建筑，《步辇图》《历代帝王像》就是他留下的绘画佳作。

喻意解读：阎为言、严；立为立、力、丽；本为本。

1. 言立本。语言立在本子上。那是无声的语言，是画卷。

2. 严力本。严格的力度在本子上。绘画是一门难度很高的艺术，画笔的力度、技巧太深奥了。

3. 严丽本。严格的美丽立在本子上。那是巧夺天工的美丽画卷，是艺术的自然之美！

■ 李白

李白，是唐朝著名诗人，留下了很多脍炙人口的优秀作品。有"诗仙"之称，是杰出的浪漫主义文人。

喻意解读：里为里、理；白为白。

1. 里白。里面很白，很纯净。喻意人品纯洁，才华横溢，诗句真切动人。

2. 理白。理论很浅白。李白有写诗的天才，还有很强的政治抱负，但他性格桀骜不驯，很难在官场立足。42岁的李白到了长安，唐玄宗对李白的才华很赏识，礼遇隆重。唐玄宗只让他供奉翰林，做自己的文学侍从。据说李白曾让宫里的大太监高力士给自己捶腿，因而得罪人家，后来被排挤出京城。

■ 杜甫

杜甫，是唐朝著名的现实主义诗人，有"诗史"之称。

喻意解读：杜为杜、肚；甫为普、谱。

1. 肚普。肚里很普遍。实际是肚里很宽广的意思，喻意学问很丰富，关心的事物很多。

2. 杜谱。谱，引申为理想。喻意不能实现的理想。杜甫生活在大唐王朝的衰败期，战乱频繁，民不聊生，但他仍然心系苍生，胸怀国事。最后在漂泊的小船上去世，留下太多的失意和遗憾。

■ 张九龄

张九龄，是唐玄宗开元年间宰相，也是有名的文学家、诗人。

喻意解读：张为张、章；九为酒、久；龄为龄、灵；

1. 张酒龄。酒张扬的年龄，暗示是陈年老酒。喻意是高才能、高智慧的干练人物。张九龄出生于世代仕宦的家庭，7岁知文，聪明上进。唐中宗景龙初年中进士，始调校书郎。唐玄宗即位，迁右补阙。开元间，历官中书侍郎、同中书门下平章事、中书令。

2. 章久灵。印章时间久了也灵验。喻意高瞻远瞩，明察秋毫。

第四节　宋元著名人物姓名解读

■ 赵光义

赵光义，是宋太宗，也是赵匡胤的弟弟。

喻意解读：赵为照；光为光；义为义。

1. 照光义。光照很义气，喻意事业发达、快速，有正义和政绩。

2. 光照不义气，因为光照的距离远，时间极端，比喻人的品质贪欲太强，急于求成。所以在继位一事上，赵光义就是杀害他哥哥赵匡胤的凶手，他的名字喻意就是证明。赵匡胤死后，有舆论怀疑赵光义是凶手，赵光义就拿出"金匮之盟"的誓书，说是母亲杜太后之命。"金匮之盟"是杜太后留下的遗旨，保存在宫中。其实这也没多大的意义，古代帝王都是传子继位，实际真正传弟的可能性微乎其微。

据《宋史》记载，公元976年赵光义继位后，虽对赵德芳和哥哥赵德昭都做了封赏，但在公元979年赵德昭就被宋太宗逼迫自杀。公元981年赵德芳病死，英年才23岁。赵德芳兄弟在短时间内连续死亡，历史学家多半认为赵德芳死因不单纯，定与宋太宗有关。结合以上事实和名字，我坚定认为赵光义就是谋害他哥哥的凶手。他的为人和政绩再好，和弑兄当皇帝是不矛盾的，最大利益面前，人人难以相让。

■ 杨业

杨业，五代至北宋初年名将。

喻意解读：杨为阳、羊；业为业、夜。

1. 阳业。阳光的事业。喻意正义的事业，也是正义的人。

2. 羊夜。羊在夜晚，主大凶。晚上羊在休息，也不吃食，处于假死状态，按常理没什么不好。但在姓名学里是凶兆，因为喻意是消极的、阴性的。这样的名字一般是短命或凶死的，这是姓名学中不容易理解的理论。杨业是北周的名将，后随北周归降北宋。太平兴国（宋太宗的年号）五年3月，兵败被包围于陈家谷（今山西宁武），被契丹军所擒。杨业绝食三日而死。

■ 赵佶

宋徽宗，叫赵佶，宋朝第八位皇帝。

喻意解读：赵为着、照；佶为急、吉。

1. 着急。着什么急啊！当然着急了，被俘掠到异国，受尽凌辱，谁不着急啊，也是实情。

2. 照吉。照在这里为想、希望之意；吉为吉利、希望、好运。实际是希望或幻想：想着自己能转好运，回到宋朝。希望归希望，最后还是死在他国异乡。

3. 照吉，有照常吉利的意思。是的，名字里有的一定是真理，这不，最后棺椁不是回到了宋朝吗？还按帝王的高规格安葬的，实现了照常吉利那点吉利，但是留给后人的也许是点点心酸……

4. 光芒照射。喻意赵佶才华横溢。尤其是书法与绘画，赵佶是古代少有的艺术天才与全才。

■ 赵恒

宋钦宗，叫赵恒，是宋徽宗的长子。也是被金兵俘获押解到金国受罪的。

喻意解读：赵为照、希望；恒为恒、永远。

1. 永远追求希望。在逆境中不追求也是追求，没法选择。

2. 希望是永恒。实际是永恒的希望，永远无法实现。汉文帝叫刘恒，是留住长久的意思；刘为流，还有水的意思，所以留住的是美好的事物，是帝位。赵恒，是光照，速度快，所以当皇帝很短，就到头了。剩下就是长久的希望或幻想了，一字之差，天地之别。

■ 岳飞

喻意解读：岳为岳、越、大山；飞为飞。喻意为飞越高山。喻意很好，这是表面现象，深藏的是理的喻意。

1. 山为阳，为男人，不能飞，飞则阳气尽，准死。

2. 山不能飞，飞则崩塌。实际岳飞是被绳子勒死的，是被自己人害死的！

3. 岳飞。岳为山，为阳，为儿子。喻意儿

▲ 抗金名将岳飞

子也一起死。实际岳飞和儿子岳云是一块死的。

■ 韩世忠

韩世忠，是北宋与南宋之际的名将，与岳飞、张俊、刘光世合称"中兴四将"。

喻意解读：韩为涵、寒；世为世、是；忠为忠、终。

1. 涵世忠。心系社稷的忠臣。喻意是国家的忠臣。

2. 寒世忠。一世寒心的忠臣。喻意政治上受到排斥而失意。公元1140年，在抗金形势出现有利的局面下，朝廷多次诏令，召回了在前线作战的元帅岳飞，以"莫须有"的罪名拘捕，后被杀害。韩世忠见岳飞父子被处死，大好的抗金形势白白丧失，自己又无能为力，便毅然辞去枢密使的官职，终日借酒消愁。晚年喜释、老之学，自号清凉居士。最终还是在公元1151年忧愤而死，留下人生的太多遗憾，寒心地走了……

■ 文天祥

文天祥，是南宋的主战派，也是有名的文臣。铮铮铁骨，青史留名。

喻意解读：文为文、闻、断头；天为天，引申为朝廷；祥为祥、降。

1. 文天祥。文采在朝廷是吉祥的。文天祥思想、才能都高，是一代忠臣。

2. 闻天降。听说被上天给降住了。喻意被俘后失去自由。

3. 断头了在天也是吉祥的。是历史的声名、气节流传后世。文天祥的《过零丁洋》："自古人生谁无死，留取丹心照汗青。"诗句也表达了自己的人生信念，成为后人的励志铭。

■ 沈括

沈括，是北宋最伟大的政治家、科学家，也是中国历史上最卓越的科学家之一。沈括精通天文、数学、物理学、化学、地质学、气象学、地理学、农学和医学。他还是卓越的工程师、出色的外交家。

喻意解读：沈为深、审；括为阔、括。

1. 深阔。深远而广阔。喻意学问博大精深，思想境界开阔深远。

2. 审括。审计概括。喻意善于研究、总结。沈括写了很多的著作，最有名的，是晚年在镇江梦溪园撰写了《梦溪笔谈》。

■ 范仲淹

范仲淹，北宋名人，政绩卓著，文学成就突出。

喻意解读：范为范、饭；仲为中；淹为淹。

1. 范中淹。模范淹在水中。水为智慧，淹为排挤，喻意是智慧中的模范遭排挤。范仲淹是北宋著名的文学家、教育家、政治家、军事家，是多方面的人才。他提出"庆历新政"，实行改革，由于遭人反对，后来被皇帝贬职到地方，有点怀才不遇。

2. 饭中淹。饭里水分多。是稀饭，是汤。喻意官场失意。《岳阳楼记》是范仲淹散文的代表作，是被贬以后写的，反映出他关心民生、关心社稷、向往美好生活的愿望。

■ 王安石

王安石，北宋政治家、改革家、文学家。

喻意解读：王为王、亡；安为安；石为石、时。

1. 王安石。王侯像石头一样安宁。喻意强大的能力和毅力。王安石是北宋的政治家、改革家，励精图治，实行改革，希望人民安定富足，国家兴旺发达。

2. 亡安时。安定的时间丢失了。喻意国家失去了发展机遇。王安石的变法遭到反对势力的阻挠，最后两次被朝廷废除，富国强民的愿望落空了。

李清照

李清照，宋代女词人，婉约派代表人，有"千古第一才女"之称。

喻意解读：李为理、里；清为清，照为照。

1. 理清照。文理清澈照耀。喻意良好的品质和卓越的才能。李清照是宋朝有名的女词人。文采超群，有很多优秀词作流传后世。

▲ 李清照石像

2. 里清照。内人清照。李清照的丈夫是赵明诚，也是一个有才能的人，是宋朝时期著名金石学家、文物收藏鉴赏大家及古文字研究家。照为光线，主短暂，所以"内人清照"的喻意是丈夫早逝世。李清照46岁时，丈夫赵明诚病死。后来又改嫁张汝舟，但很快离婚。

■ 陆游

陆游，是南宋伟大的爱国主义诗人，留下了很多优秀的诗篇。他与表妹唐婉的一段恋情，也成为千年的忧怨。

喻意解读：陆为路、鹿、陆；游为有、游。

1. 路有。有路好啊，有路就有前途。陆游的仕途不是很顺利，多次被朝廷罢黜，也多次被任用。"山重水复疑无路，柳暗花明又一村"的诗句，也许就是陆游自己最真实的写照。

2. 鹿游。鹿是自然界高贵动物，浑身都是宝。鹿喜欢自由自在地生活在草原或森林中，对家乡有无限的热爱和留恋。陆游正是这样的人。热爱自己的家乡，热爱自己国家的大好山河，一心想抗击金兵，收复北方失地。他的诗篇充满了抗金杀敌的豪情和悲壮，展现出强烈的爱国激情。

3. 陆游。陆为安定，为家；游为走。家走了，婚姻失败了。

4. 陆有。陆为阳，主吉。喻意寿命长。

■ 辛弃疾

辛弃疾，是南宋豪放派词人，也是强烈的爱国主义者。

喻意解读：辛为心；弃为气、弃；疾为急、疾。

1. 心气急。辛弃疾青年时，北方领土就已经被金人占领。他召集两千多人联合抗击金兵，辛弃疾在起义军中惊人的勇敢和果断，使他名噪一时。宋高宗便任命他为江阴签判，从此开始了他在南宋的仕宦生涯，这时他才25岁。

2. 心弃疾。南宋王朝统治者偏安一隅，不思进取，根本不想尽快收复失地。所以辛弃疾多次遭贬，在失意的时光中，他也念念不忘杀敌报国的理想，写了不少忧国忧民的诗篇。

■ 铁木真

成吉思汗，叫孛儿只斤·铁木真，是宋朝灭亡后大蒙古国的可汗。

喻意解读：铁为铁；木为木、目的；真为真。

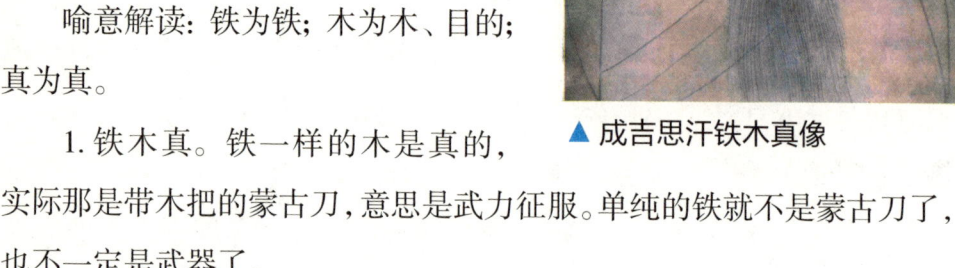
▲ 成吉思汗铁木真像

1. 铁木真。铁一样的木是真的，实际那是带木把的蒙古刀，意思是武力征服。单纯的铁就不是蒙古刀了，也不一定是武器了。

2. 铁目真。钢铁一样的毅力和目的。绝对是武力征服天下的大人物。

■ 孛儿只斤·忽必烈

忽必烈，是元朝的开国皇帝，蒙古尊号"薛禅汗"。蒙古铁骑挥舞蒙古刀打到中东和欧洲莱茵河畔，是中国历史上开疆扩土最远的地方。

喻意解读：忽为忽然；必为必、必须；烈为烈、猛烈。综合意思是忽然之间必须猛烈。这是战争中突袭的情形，说明蒙古骑兵擅长长途奔袭或偷袭！实际都打到欧洲去了。

■ 张士诚

张士诚，是元朝末年江浙一带的义军领袖，成为割据一方的诸侯。

喻意解读：张为张、章；士为事、是；诚为成、城。

1. 张事成。张扬的事情成功了。喻意心想事成。张士诚早年贫苦，与同乡做贩盐生意，受到当地白驹场一个叫邱义的盐官的欺压和盘剥而铤而走险，进行了暴动起义，很快攻陷高邮。

2. 章是城。章与城都是四方形的死物，为凶象。喻意很凶，主凶死或者短寿。占据吴地以后，这一带很多年都没有战事了，因此人口多，经济也很繁盛，张士诚就逐渐变得奢侈、骄纵起来，政务疏废。

陈友谅

陈友谅，是农民起义领袖，中国元末大汉政权建立者。

喻意解读：陈为陈、过去；友为友、有；亮为亮。

1. 陈有亮。喻意过去曾有辉煌业绩。陈友谅少时读过书，略通文义。有一卜者在察看过其祖先的墓地之后说："日后定会富贵。"陈友谅心中暗喜。他曾任县里的小吏，但这并非他的目标。

2. 陈友亮。过去的朋友亮了，喻意是同党辉煌了，当然自己就黯淡了。公元1363年，陈友谅率60万水军进攻朱元璋，双方展开激战，后来陈友谅在战船上中了流箭而死，终年43岁。鄱阳湖大战失败后，张定边等人在武昌立陈友谅次子陈理登基为帝，改元德寿。次年，朱元璋西吴军廖永忠部兵临武昌城下，陈理出降。陈友谅的名字的反义看着不重，实际很凶，照亮别人，自己就黯淡了，不是一般的黯淡，而是永远的黯淡了，只可惜早了一些……

第五节　明清著名人物姓名解读

■ 朱元璋

明太祖，叫朱元璋，是大明王朝的开国皇帝，布衣出身，是封建社会农民起义中能成事的人物。

喻意解读：朱为朱、猪；元为元、圆；璋为张、章。

1. 猪元张。领头的猪很张扬。喻意人很自信也很有智谋。

2. 朱圆章。红色的圆满印章。是印信，是玉玺，喻意拥有最高权力。

3. 猪圆章。猪圆满的印章。实际

▲ 明太祖朱元璋像

一定是人的印章，并且是有大权限的印章，实际还有战略制定和准确执行的意思。

4. 朱元章。红色钱币上的印章。喻意拥有天下所有的财富。

■ 徐达

徐达，明朝开国军事统帅，善于治军，戎马一生，是明朝开国第一功臣。

喻意解读：徐为徐，一步步地、或许；达为达。

1. 循序渐进地到达。是一个自然正常的过程，很吉利。徐达是朱元璋的发小，早年都在郭子仪手下。徐达一直追随朱元璋，逐渐成为大将，战功卓著。

2. 一步步地发达。大明建国后徐达被封为中山王，位列开国武将第一功臣，实现了发达的喻言。

3. 慢慢地死。说明寿命还算正常。不过有一种说法是，徐达晚年生瘤，不能吃鹅，朱元璋却赐烧鹅给徐达吃。徐达明白朱元璋的用意，流泪把烧鹅吃完，后全身溃烂而死，寿数为54岁。从名字看，徐有"虚"意。

■ 常遇春

常遇春，元末红巾军杰出将领，明朝开国名将。

喻意解读：长为常、长；遇为遇；春为春，引申为美好、发达。

1. 常遇春。经常遇到春天。很幸运啊，人生经常顺利、得意。

2. 长遇春。长时间的春天，喻意一生发达，善言辞，少有挫折。

3. 人生有理想，有追求，孜孜不倦。

4. 走不出春天，意味着人生走不到晚年，实际上常遇春39岁病逝于军中。

■ 李善长

李善长，明朝开国元勋。

喻意解读：李为里、理；善为善、擅；长为长。

1. 理擅长。擅长理论,喻意有才能、智谋。李善长管理大明朝的政务，政绩显著。

2. 里善长。心里的安定有很长时间了。是的，李善长是开国功臣，追随朱元璋几十年，功不可没。富贵荣华享受的时间也很长，很得意。

3. 里面的智慧高，没说外面的才能高，老了还落个满门抄斩的结局。但那时李善长已经77岁了，虽不算善终，但也算长寿了……

■ 胡大海

胡大海，是元末与朱元璋一起起事的大将，勇猛无比。

喻意解读：胡为湖、鹄；大为大；海为海。

1. 湖大海。湖大于海。湖实际远远小于海。水为财富、智慧。喻意是高层中意义重大的人。

2. 鹄大海。鹄为天鹅，一般栖息的河湖湿地，是候鸟。表面喻意是发达之人，实际喻意是在大海中贮存，大海为阴，主凶。

■ 胡惟庸

胡惟庸，是明朝开国功臣，最后一任中书省丞相。

喻意解读：胡为胡；惟为唯、为；庸为拥、庸。

1. 胡唯拥。胡人唯一的拥有，实际胡人拥有战马与马刀，游猎与侵略是特色。喻意有很高的才能与地位。胡惟庸心思细密，做事周全。

2. 胡为庸。胡人的作为很昏庸。胡惟庸，为人奸诈，为了自己的私利，在朝中利用自己的权势，打击了不少人。有巴结他的人献媚说，胡惟庸祖父三代的坟墓上，晚上都有火光，照亮夜空。胡惟庸更加高兴和自负，从此有了异心。后来他的儿子坐马车奔驰过市，坠死于车下，胡惟庸将驾车的人杀死。朱元璋大怒，命他偿命。胡惟庸请求用金帛补偿驾车人家，朱元璋不许。胡惟庸害怕了，便与御史大夫陈宁、中丞涂节等人图谋起事，密告四方以及依从于自己的武臣。后来事情败露，胡惟庸一党被诛杀。胡惟庸案前后株连竟达10余年之久，诛杀了3万余人，成为明初一大案。

■ 蓝玉

蓝玉，明朝开国将领。

喻意解读：蓝为蓝；玉为玉、遇。

1. 蓝玉。蓝色的玉，是高贵的玉，喻意是富贵腾达的人。

2. 蓝玉不是最明亮的。玉是死物，主凶。

3. 朦胧的玉。玉主执着、死板。蓝玉战功很大，功成名就后，桀骜不驯，口出狂言。后被朱元璋诛杀，剥皮实草，牵连党羽致死者达一万五千余人，成为一个悲剧人物。

■ 朱允炆

明惠帝，叫朱允炆，年号"建文"，后世有人以其年号而称建文帝，在位时间很短。

喻意解读：朱为猪、朱；允为应答、读；炆为文、语言、断头。

1. 猪允文。猪用语言应答。那是神猪，智慧猪。喻意人智慧高、发达。

2. 朱允文。读红色的文字或文章，那是朱笔写的字，古代朱笔是统治者才能用的。罪犯记录或处以极刑的罪犯名字上都用红笔打一个"×"，因此读红色的文字意味着大凶，允许红色文字的是制定者。

3. 炆字结构是"火+文"，文字为断头，意为火烧断头；在前面配"朱允"二字，就是红色文字允许火烧断头了，岂不是天意难逃啊！

朱允炆继位后，进行削藩政策，燕王朱棣造反，后来攻克南京，朱允炆亡。

◼ 朱棣

朱棣，是明成祖，朱元璋的四子，是他将朱允炆赶下台而当皇帝的。

朱为朱、猪；棣为地、帝。

1. 朱地。红色的土地。说明是一个政权的版图，也是拥有天下之意。

▲ 明成祖朱棣像

2. 猪帝。猪的帝国，喻意是人的帝国，是拥有天下的皇帝。

◼ 魏忠贤

魏忠贤，是明末明熹宗时期的大宦官，权倾朝野。

喻意解读：魏为为、位；忠为忠、终；贤为贤、闲。

1. 为忠贤。为了忠于贤能。喻意为了地位而勇敢往高层爬的人。

2. 位终闲。地位终于闲置。公元1627年8月，朱由校驾崩，信王朱由检即位。朱由检随即打击惩治阉党，治魏忠贤十大罪，命逮捕法办，魏忠贤自缢而亡，其余党亦被清洗。

◼ 朱翊钧

明神宗，叫朱翊钧，在位48年，是明朝在位时间最长的皇帝。

喻意解读：朱为朱、猪；翊为宜、益；钧为君、军。

1. 朱益君。红色有利于君王。红色为权力的象征，喻意治理国家还是有政绩的，也有执政时间长的意思。

2. 猪宜君。猪适宜当君王。喻意是名正言顺地当皇帝。

3. 猪益军。猪对军队有利。喻意军队的伙食、待遇、装备等不错，也预示军队有一定的战斗力。

■ 张居正

张居正，明朝内阁首辅，著名政治家、改革家。

喻意解读：张为张、章；居为居；正为正。

1. 张居正。张扬而居正位。张居正是明神宗年幼时的辅政大臣，称为首辅。张居正做事果断，雷厉风行，也很霸道，但还是一个清官。

2. 章居正。章引申为思想、功绩。喻意思想、功绩是正义的。

■ 明熹宗

明熹宗，叫朱由校，是爱好做木工的皇帝，经常不上朝。

喻意解读：明为明；熹为喜；宗为宗、鼻祖。

1. 明喜宗。有光明正大喜好的鼻祖。是啊，明熹宗的一个重要爱好就是做木工活，常常从皇宫中传出斧凿的咚咚声！成为历史上最难得的传奇帝王。

2. 明喜宗。有明确喜好的宗旨。朱由校爱好广泛，木工活的手艺、漆器技术高超。登基后长期不上朝，专心做自己喜欢的事。

朱由校

喻意解读：朱为朱、猪；由为有；校为孝、笑。

1. 猪有孝。猪喻为人，孝为孝服，说明是人有孝服。朱由校的生母王氏，在他15岁时就死去了，是少年戴孝。长大成人后，他的3位皇子和3位公主，都是早夭、早亡，最大的不超过两岁。也算给儿女戴孝吧！

2. 朱有笑。朱为红色。红色的笑容。红色又喻为朝霞或者晚霞，少年母亡，中年子死，笑不出来。晚霞呢？公元1627年8月，朱由校病重，自感来日不多，由于后继无人，便召见弟弟信王朱由检，命他继位。信王朱由检随即登基，是崇祯皇帝。

朱由检

崇祯，叫朱由检，是明末最后一位帝王。

喻意解读：朱为朱、猪；由为有、油；检为捡。

1. 猪有捡。猪好坏都捡，猪喻为人，比喻人有意外收获。实际朱由校先捡来帝位，后又捡来绳子，上吊自尽了。

2. 猪油捡。应为捡猪油。猪肉可能不是正常卖的，猪也可能不是正常宰杀的，要不怎么能捡到猪油呢？朱由检不是正常死亡，34岁的朱由检在皇宫北面的煤山自缢身亡，大明王朝也断了气。

袁崇焕

袁崇焕，明朝末年蓟辽督师。

喻意解读：袁为猿、原；崇为重、崇；焕为唤、换。

1. 猿重唤。猿猴的呼叫声重复叠加。说明是一个强大的集团，有很强的实力。袁崇焕曾任兵部右侍郎、兵部尚书等职，表现出很高的军事才能，是明末抗击清兵的著名将领。

2. 猿重唤。猿猴重复叫唤。一种情况是遇到天敌了，说明生存环境很严峻；另一种情况就是被袭击、宰杀，发出的号叫声。袁崇焕是明末抗清名将，由于清军使用了反间计，遭到朱由检的猜忌，后被凌迟处死。

3. 原重换。原来的重新变换。后人对袁崇焕的历史评价褒贬不一，争议很大。

■ 宋濂

宋濂，是明初著名政治家、文学家、史学家、思想家。

喻意解读：宋为送、颂；濂为镰、廉。

1. 送镰。送给镰刀，镰刀是割草的农具。喻意是传授文治天下的学问。

2. 颂廉。歌颂廉洁。喻意是淡泊名利、两袖清风的人。

■ 徐霞客

徐霞客，是明朝著名的地理学家、旅行家。中国地理名著《徐霞客游记》的作者。

喻意解读：徐为徐；霞为霞、侠；客为客、刻。

1. 徐侠客。徐，引申为逐渐。逐渐成为侠客。游走江湖的人被称为侠客，喻意是地理考察的大家人物。徐霞客一生志在四方，不畏艰难险阻与生命危险，足迹遍及北京、河北、山东、河南、江苏、浙江、福建、山西、江西、湖南、广西、云南、贵州等16省。所到之处，探幽寻秘，并记有游记，记录观察到的各种现象、人文、地理、动植物等状况。

2. 徐霞刻。晚霞的雕刻。喻意是晚年的考察成果。公元1636年，

51岁的徐霞客病逝。遗憾的是，他的日记大部分已经散失，后人根据仅存部分资料写成《徐霞客游记》一书。书中对各地名胜古迹、风土人情等，都有记载。徐霞客的游记为后人研究地理、各地的人文历史等提供了珍贵的资料，他的坚强毅力与探索精神也为后人留下了可贵的精神财富。

▲ 徐霞客像

■ 李时珍

李时珍，是明代著名医药学家。

喻意解读：李为理；时为是、时；珍为真、珍。

1. 理是真。原理是真的。喻意是医术高超，成果丰硕。李时珍早年在太医院任过职，后来到各地名山大川考察，拜渔人、樵夫、农民、车夫、药工、捕蛇者为师，收集药物标本和处方。记录上千万字札记，考古证今、斟酌配方与药物原理，参考历代医药等方面书籍925种，反复研究。弄清许多疑难问题。公元1590年，他完成了192万字的巨著《本草纲目》。此外对脉学及奇经八脉也有研究，著述有《奇经八脉考》《濒湖脉学》等。

2. 理时珍。理论被时间珍惜。喻意是难得医学理论，被后人永远参考和研究。

■ 施耐庵

施耐庵，是元末明初小说家。博古通今，才华横溢，精通诗词歌赋、天文、地理、医卜、星象等。施耐庵36岁曾中进士，后弃官归里，闭门著书，与弟子罗贯中一起著书立说，完成了《三国演义》《三遂平妖传》《水浒传》的创作。《水浒传》是中国四大名著之一，是经典作品。

喻意解读：施为施、湿；耐为耐；庵为庵、安。

1. 湿耐安。对湿润或者水分有忍耐力而安全的是鱼，水主智慧、文化。搅动文化的人就是作家。

2. 湿耐庵。庵为女性修行者居住的寺庙，尼姑庵忍耐住水分，就是要耐得住寂寞，专心研究学问或者写作。施耐庵中进士1年后愤而辞官，隐居，以授徒、著书自遣。

■ 罗贯中

罗贯中，是元末明初小说家，《三国演义》的作者。这部长篇小说对后世文学创作影响深远。

喻意解读：罗为罗、锣；贯为贯；中为中。

1. 锣贯中。锣鼓在震颤中。当然是发出震耳的声响了，那是声名，那是历史的借鉴。

2. 罗贯中。罗列、贯通中。《三国演义》是根据《三国志》的主要史实，加入一些合情合理的想象而具体创作人物和故事情节的。

■ 万户

万户，是明朝的士大夫，爱好科学研究，是有声望、有地位的知识分子。

喻意解读：万为万；户为户、虎。

1.万户。一万户，就是一万个家庭，但不可能同心，心与心之间都有距离。真正的喻意是爆炸为成千上万的碎片。他为了能像鸟一样飞上天空，就把47个自制的"火箭"（古时的火箭是将火药装在纸筒里，然后点燃发射出去）绑在椅子上，自己坐在椅子上，双手举着两只大风筝，然后叫人点火发射。设想利用"火箭"的推力，加上风筝的力量飞起。不幸"火箭"爆炸，万户也为此搭上了性命。

2.万虎。一万只虎，好大的气魄和实力啊！喻意万户科学探索的魄力是伟大的、勇敢的。据中外学者考证，万户是"世界上第一个想利用火箭飞行的人"。为纪念万户，国际天文学联合会将月球上的一座环形山命名为"Wan HOO"（万户）。

■ 海瑞

海瑞，是明朝著名清官。海瑞一生，经历了正德、嘉靖、隆庆、万历四朝。

喻意解读：海为海；瑞为瑞、锐。

1.海瑞。大海的祥瑞。喻意有很高的才能、智慧，博大的爱心。海瑞心系社稷与百姓，为官清廉、正直，受到老百姓的赞誉。

2.海锐。大海的杀伤力。喻意官海沉浮，人生的波折。海瑞为人正直、严厉，是个大清官。所以得罪的人也不少，多次遭弹劾被贬。

3.大海为水，为阴，缺阳。海瑞死后，由于无子。他的葬礼由御史王用汲主持，看见海瑞住处用葛布制成的帏帐和破烂的竹器，这些是贫寒的文人也不愿使用的，因而禁不住哭起来，凑钱为海瑞办理了丧事。

王阳明

王阳明，是称号，真名叫王守仁，明代著名的思想家、哲学家、书法家兼军事家、教育家，官至南京兵部尚书、都察院左都御史。王阳明精通儒、释、道三教，他的学说对后世学者有一定的影响。

喻意解读：王为王、亡；阳为阳、扬；明为名、明。

1. 王扬名。王侯声名远扬。王阳明文武全才，精通军事，一生最大的军事功绩，是平定南昌的宁王宸濠之乱。

2. 亡阳明。明白阴阳消长之理。

董其昌

董其昌，是明朝政治人物、书画家。

喻意解读：董为懂；其为其；昌为昌、娼。

1. 懂其昌。懂得其中的昌盛。就必须自己有昌盛的经历，在明光宗时，任太常寺少卿、掌国子司业事。公元1631年，董其昌任礼部尚书、掌詹事府事。董其昌对政治异常敏感，一有风波，他就坚决辞官归乡，特别老练。

董其昌的书画艺术也很高超，擅长山水画。康熙皇帝就酷爱董其昌书法，一生临写董字甚丰，曾遍搜董氏真迹。

2. 懂其娼。据说董其昌才艺虽高，但人品霸道、低劣。董其昌与其子董祖常眷养恶痞，放债霸产、诱奸民女。董其昌老来骄奢淫逸，老而渔色，有多房妻妾，年过60岁还令其子董祖常为他强抢民女做小妾。由于其仗势欺人，激起松江百姓民怨，还爆发了"民抄董宦"一案。

当地及周边乡民的报怨者将董家200余间画栋雕梁、朱栏曲槛的园亭台榭都被烧成灰烬,董其昌搜集的古今珍贵书画篆刻收藏,全付之一炬。由于受到官府的祖护,事件被镇压下去。

以上事件描述来自民间的匿名传说写本《民抄董宦事实》和《黑自传》,有人推测传本的作者最大的可能是来源于董其昌的仇家,后代学者倾向于董其昌是为名所累。历史的真相扑朔迷离,我认为在政治上这么成熟的董其昌不会犯这么低级的错误,这些事件也许是为董其昌完美的人生故意打上一点点小折扣,但却实现人无完人的命运规律!

3.懂其昌。善终,82岁去世。董其昌仕途基本顺畅,虽有遭贬,但能在明朝奸臣专权的复杂的政治环境中善于保全自己,实属不易。他与官场同僚等人际关系上,还是很圆滑、很有人情味的。人无完人,金无足赤,董其昌的名字,已经是很成功了。

郑成功

郑成功,明末清初军事家,抗清名将。1661年率军横渡台湾海峡,击败荷兰侵略者,收复台湾,成为民族英雄。

喻意解读:郑为正、证;成为成、城;功为功。

▲ 郑成功像

1. 正成功。正在成功。喻意把握的时机恰到好处，是运气最佳的时间段。郑成功收复台湾，名利双收，不但在台湾站住脚，统治了台湾，还在历史上成为收复失地的民族英雄。

2. 证成功。能证明成功。是成功已经实现了。刚刚夺得天下的清朝军队，加紧进攻台湾，但都被郑成功击败了。

■ 郑和

郑和，明朝航海家、外交官、宦官，主要成就是七次下西洋。

喻意解读：郑为正、证；和为合、和。

1. 正合。正合时宜。郑和是燕王朱棣登基以前在北平燕王府的一名小太监，聪明、伶俐，经常阅读府中的大量藏书。勤奋好学的郑和很快便成了学识渊博的人，受到朱棣的赏识。

2. 证和。证明和平友好。

■ 玄烨

康熙，叫爱新觉罗·玄烨，他文治武功，是中国历史上在位时间最长的帝王。

喻意解读：玄为玄；烨为夜、叶。

1. 玄夜。玄妙的夜晚。说明晚上发生了很不可思议的变化，实际是小皇帝在恶劣的政治、军事环境中，化险为夷，取得了意想不到的成功。

2. 玄叶。玄妙的叶子。说明叶子的生长变化，叶子是为植物制造或提供养分的源泉。喻意君王能礼贤下士，体恤民疾，是一个为民做实事的人。

3. 玄叶。叶子在黑夜中生长，那是满腹经纶、才华过人的意思。康熙是千古一帝，文武全才，历史少有之人。

■ 噶尔丹

噶尔丹，是清代厄鲁特蒙古准噶尔部首领。

喻意解读：噶为革、割；尔为尔、儿；丹为丹。

1. 割尔丹。尔为你。割你的丹心。喻意夺人之爱，是掠夺、侵略。公元1671年，噶尔丹自西藏返回草原，击败政敌，夺得准噶尔部统治权。公元1676年，噶尔丹俘获其叔父楚琥布乌巴什，次年击败和硕特部首领鄂齐尔图汗。公元1679年，达赖喇嘛赠以博硕克图汗称号。公元1688年，进攻喀尔喀蒙古土谢图汗部。继而进军内蒙古乌朱穆秦地区，威逼北京。噶尔丹四处征伐掠夺，引起清政府的忌讳。康熙帝曾3次亲征。公元1690年乌兰布通之战，噶尔丹败退至科布多。公元1696年昭莫多（今内蒙古肯特山南）之战，噶尔丹主力军被清军击溃，部众叛离。公元1697年3月卒于科布多。

2. 割儿丹。割儿子的丹心，喻意是让儿女伤心。康熙通过昭莫多之战，大败噶尔丹。次年，噶尔丹在逃亡途中怨恨而死。后来他的儿子塞卜腾巴尔珠尔被擒，被解压到北京。噶尔丹的女儿钟齐海率三百户投降清朝，后来他们被准许在北京居住。

■ 吴三桂

吴三桂，明末清初著名政治、军事人物。

喻意解读：吴为吾、无；三为三、山；桂为贵。

1. 吾三贵。我三次显贵。喻意有很高功勋与地位的人。明崇祯时为辽东总兵，封平西伯，镇守山海关。

2. 无三贵。没有三次显贵。喻意最后的富贵蕴藏着灾祸。公元1673年，清廷下令撤藩。不久，吴三桂自称周王、总统天下水陆大元帅、兴明讨虏大将军，发布檄文，史称"三藩之乱"。公元1678年，吴三桂在衡州（今衡阳市）登基为皇帝，国号大周，建都衡阳，建元昭武。同年8月在衡阳病逝，时年67岁，随后皇孙吴世璠即位。公元1681年，吴世璠兵败自尽，三藩之乱被平定。吴三桂一生确实有三次显贵，第一次是在明朝为官，第二次是降清为官，第三次是自己称帝。失败在第三次上，祸及儿孙。名字的正反喻意都得到了验证！

年羹尧

年羹尧，汉族人，清朝大将军。

喻意解读：年为年，引申为岁月；羹为庚、羹，引申为年庚或者菜羹；尧为遥，引申为遥远、很多。

1. 年羹遥。过年的菜羹很多，很丰盛。喻意富贵发达，年年有余。

2. 年庚遥。年庚或年龄很遥远。和什么参照物比才说遥远的呢？当然是最后的寿数。这是短寿的喻意，而非长寿。年羹尧的名字配置就是年龄与寿数很遥远，难以到达、实现。

3. 年羹遥。过年的饭羹很遥远。喻意食禄、寿命的终止。年羹尧是清朝名将，是雍正取得帝位、巩固政权的得力大将。官至四川总督、川陕总督、抚远大将军，还被加封太保、一等公。年羹尧功成名就后居功自傲，功高震主，引起雍正的忌讳。公元1725年，雍正罢免了年羹尧的抚远大将军一职，尽削其官职。第二年，被赐家中自尽，终年47岁。

■ 弘历

乾隆，叫爱新觉罗·弘历，是康熙的儿子，政绩卓然，与康熙朝总称"康乾盛世"。

喻意解读：弘为宏、红；历为利、丽、力。

1. 宏利。宏大的利益。是大富大贵的意思。
2. 红丽。喻意丰富的精神世界与追求。
3. 宏力。宏大的力量。比喻一种强权力量。

■ 和珅

和珅，满族人，清朝贪官。

喻意解读：和为和、河；珅为深、伸。

1. 和深。和谐而深刻。喻意处事圆满、智谋高深。实际和珅精通多种语言，才能卓越，办事能力超强，深得乾隆的信任。

2. 河深。河水很深。喻意有大财富、大智慧、丰富的感情。这是水在姓名五行中的重要含义。所以和珅才能高，财富更多，富可敌国。到了嘉庆登基，乾隆死后被抄家时，清查财产发现，和珅的财富不但

▲ 和珅画像

富可敌国，而且抵得上清政府 10 年的财政收入，成为中国历史上最大的贪官。

3. 河伸。大河流向远方。喻意美好事物的消退。实际是财富、地位、生命的消退，都是一起消失的。

■ 纪昀

纪昀，字晓岚，是乾隆朝有名的才子，《四库全书》的总编纂官。

喻意解读：纪为记、继；昀为云，引申为高层。

1. 记云。记住天上的云。喻意记忆超群，学识渊博。是有大学问的人，是与高层打交道的人。

2. 继云。继续追随天上的云。是忠于君主、朝廷的意思。

3. 记云。云为水气，也为感情，所以老惦记云，也是感情丰富的表现。

■ 颙琰

嘉庆，叫爱新觉罗·颙琰（原名永琰），是乾隆的 15 子。是大清闭关锁国的关门人。清朝的衰败与灭亡，从此就开始了。

喻意解读：颙为拥、永；琰为言、演、延。

1. 拥言。拥有发言权，即是拥有权力。

2. 永演。永远演下去，喻意长久地奋斗下去。嘉庆在乾隆死后，查办了和珅，也抄了很多贪官的家，成为历史上爱抄家的帝王。嘉庆登基后勤于政务，广开言路，也是一位睿智的皇帝。但是，人多地少的社会矛盾愈发严重，农民起义此起彼伏，民族矛盾加剧。所以未能从根本上扭转清朝政局的颓败，最后自己身心疲惫，于公元 1820 年暴亡于承德避暑山庄，终年 61 岁。

3. 永延。喻意后继有人，能传承血脉与帝位。实际有多位皇子，最后嘉庆死后，嫡长子旻宁继承了大统，是道光皇帝。

■ 奕詝

咸丰，叫爱新觉罗·奕詝。在位期间爆发了太平天国起义，八国联军入侵。签订了丧权辱国的《北京条约》，使大清帝国逐步走向半封建、半殖民地社会。

喻意解读：奕为易、遗；詝为主、嘱。

1. 易主。江山被卖了一半，还没算全卖。

2. 遗嘱。既然留遗嘱，那寿命也不会很长了。实际驾崩时仅31岁。

■ 曾国藩

曾国藩，是中国近代政治家、战略家、理学家、文学家，湘军的创立者和统帅。与胡林翼并称"曾胡"，与李鸿章、左宗棠、张之洞并称"晚清四大名臣"。

喻意解读：曾为增；国为国、裹；藩为藩、帆、反。

1. 增国藩。增加国家的藩邦。喻意收复失地或者开疆扩土。曾国藩组建湘军，建军有方，剿灭了骄悍的太平天国，收复了失地，保住了大清江山。主办洋务运动，学习西方先进的工业技术，发展中国的军事工业，造枪、造炮、造舰船，大大提高了军事实力。

2. 增国帆。增加国家的风帆。喻意是学问高，青史留名。曾国藩多才多艺，政治、军事、文学、思想学术都有成就，是古今中外少有的人才。实现了立志、立功、立传的三部曲，是完美人生的典范。

3. 增裹反。增加裹布的反复。实际是有皮肤病的烦恼。据说，曾国藩出生时,他的爷爷曾经梦到巨蟒缠在他家的柱子上,被认为是巨蟒转世。曾国藩患有皮肤病,皮肤癣像蛇的鳞片一样,经常往下脱落,很刺痒,终生没治好。穿衣时一般都把皮肤遮盖得很严实,怕被人看见尴尬,增加了一些烦恼。

◾ 左宗棠

左宗棠,晚清时期政治家、军事家、民族英雄。

喻意解读:左为左;宗为宗、总;棠为堂、糖。

1. 左总糖。左面总有糖。左为阳,主积极进取。糖为美好的事物,实际意思是积极进取而作出成就。

2. 左宗堂。左边的宗堂,宗堂为自己祖先的祠堂。喻意自己和朝廷的关系很密切、很配合。左宗棠是清廷有名的军事家,民族英雄。镇压太平天国运动,洋务运动,都有他的身影。打败新疆叛军,收复新疆,使沙俄并吞新疆的阴谋落空,成为爱国的民族英雄。

◾ 李鸿章

李鸿章,晚清名臣,洋务派的主要领导人之一。

喻意解读:李为里;鸿为

▲ 晚清名臣李鸿章

宏、鸿、红；章为章、张。

1. 里宏章。心里有宏伟的文章、章程，看来是管大事的人。

2. 里鸿张。喻意在朝廷里是受重用的，是有权力的。李鸿章的个人仕途是很顺利的，满清政府对他很倚重，一直很信任他。

3. 里红章。喻意肚里的红色血块。李鸿章在签订卖国的《辛丑条约》后回到京城，慈禧也没责怪他什么。但是不久，李鸿章就病了，大口吐血。当他吐出了肚子里最红的"文章"时，就是他命运的最后时刻。也是名字最原始的喻意兑现之时。

■ 爱新觉罗·载淳

同治，叫爱新觉罗·载淳，是咸丰帝的长子。慈禧垂帘听政，同治没有多大的实权。

喻意解读：载为载、灾；淳为淳、纯。

1. 载纯。承载纯粹。实际是没争议的继承皇位，因为只有他一个合法继承人。

2. 灾淳。灾是淳朴的。喻意是很自然的灾难，无法躲避。同治6岁登基，慈禧垂帘听政，是傀儡皇帝。同治亲政后，慈禧还经常干预朝政，使同治难以忍受。不到3年，同治就抑郁而死。

■ 爱新觉罗·载湉

光绪，叫爱新觉罗·载湉，是个有理想的皇帝，是"戊戌变法"的发动者。

喻意解读：载为载、灾；湉为甜、填。

1. 载甜。承载甘甜。喻意是最幸运的人。载湉4岁登基，18岁亲政，是够幸福、甜蜜的。

2. 灾填。喻意有灾难袭来，不可阻挡。光绪亲政3年后的1805年，在康有为等一批维新派的支持下，实行"戊戌变法"，103天就失败了。慈禧太后发动政变，抓捕维新派，并将载湉囚禁在中南海的瀛台。1908年慈禧临死之时，还命人将载湉毒死。

■ 爱新觉罗·溥仪

宣统，叫爱新觉罗·溥仪，是清朝的末代帝王，三次登基，演绎了曲折的人生历程。

喻意解读：溥为普、谱；仪为移、疑。

1. 普移。普遍转移。喻意特权的丢失。清帝退位后，皇室成员暂时在紫禁城住了没几年，就被赶了出来。"九一八事变"后，日本扶植满洲国傀儡政权，又把溥仪及皇室成员胁迫到了沈阳。1945年，日本战败投降。溥仪被苏联红军捕获，押解到苏联监狱。1950年移交中国政府后入狱改造，后来特赦，于1959年出狱。

2. 谱移，家谱有变化了。清帝退位，昭示封建王朝、封建社会制度的终结。皇室的一切文件、印章等都成为文物，失去了原来的价值和权力，帝王之谱终结了。

■ 郑板桥

郑板桥，是清代画家、文学家，一生主要客居扬州，以卖画为生，是"扬州八怪"之一。其诗、书、画均旷世独立，世称"三绝"，擅画兰、竹、石、松、菊等植物，其中画竹已50余年，成就最为突出。著有《板桥全集》。

喻意解读：郑为正；板为板、搬；桥为桥。

1. 正板桥。正在板桥上。板桥一般是过去用木板搭建的简易桥，为小河或者沟渠两边的人们出行提供方便。喻意是人与自然、人与人之间的沟通者，是文化沟通的桥梁人物。

2. 正搬桥。正在搬桥，把桥拆了。喻意要人改变某些想法和做法，不要太执着，要学会变通。郑板桥题过几幅著名的匾额，最为脍炙人口的是"难得糊涂"与"吃亏是福"这两幅。一个大明白人，却写下"难得糊涂"，这是有大智慧、大智若愚的表现。真正的聪明人，是不会锋芒毕露的，这是立身的根本。

■ 张廷玉

张廷玉，是清朝大臣，历任保和殿大学士、吏部尚书、军机大臣、太保，封三等伯，历三朝元老，为官50余年。

喻意解读：张为张、章；廷为挺、停；玉为玉。

1. 张挺玉。张扬挺立的玉。玉代表美好事物，也是死物，"挺玉"，就是激活的玉，为活物。喻意是高才能、高品质、高寿命之人。

2. 章挺玉。章为规矩。按规矩挺玉。喻意为国家举荐人才，不计个人得失。

3. 张停玉。喻意死后留名。张廷玉一生为清廷贡献很多，成绩斐然，公元1755年3月，张廷玉病逝，乾隆令其配享太庙，圆满地画上了句号。

■ 顾炎武

顾炎武，是著名思想家、史学家、语言学家，学问渊博，于国家典制、郡邑掌故、天文仪象、河漕、兵农及经史百家、音韵训诂之学，都有研究。

喻意解读：顾为顾；炎为言；武为武、无。

1. 顾言武。回忆过去的武力。顾炎武积极抗清，十分积极勇敢。晚年著书立说，回忆早年抗清经历，甚为感慨。

2. 顾言无。大清统一后，清廷邀顾炎武入仕做官，被顾炎武拒绝，选择隐居。过去的才能、言行不为清廷所用。

■ 蒲松龄

蒲松龄，是清代著名的小说家、文学家。

喻意解读：蒲为普；松为松；龄为龄、岭。

1. 普松龄。普通松树的年龄。松树长寿，喻为人；松树秀丽，喻为文学。喻意是普通人的生平事迹。蒲松龄出身没落的地主家庭，受过比较好的教育，满腹经纶，但连续4次参加举人考试而全不中。失意之中，为抒发情感和感悟社会现实，后来写了很多奇异的故事，整理后取名《聊斋志异》，那时他已经40岁了。《聊斋志异》通过谈狐说鬼的手法，对当时社会的腐败、黑暗进行了有力批判，揭露了当时的社会矛盾，表达了普通民众生活的愿望。

2. 普松岭。普通松树的山岭。山岭为阳，为强大。喻意是长寿之人。公元1715年蒲松龄因病与世长辞，享年76岁。确实是长寿之人，看来松树与山岭的喻意内涵都起了好作用。

■ 曹雪芹

曹雪芹，是中国古典名著《红楼梦》作者。

喻意解读：曹为槽、草；雪为雪、血；芹为琴、勤。

1. 槽血勤。槽引申为头。喻意是善于思考、勤奋好学的人。曹雪芹出生于富贵家庭，祖父是江宁织造，受康熙、雍正两朝的眷顾，门庭显赫。后来由于织造账目亏空，被抄家，从此曹家走了下坡路。曹雪芹跟随全家迁回北京，那时曹雪芹已经14岁。家道中落，被迫变卖田产，终至沦落到门户凋零，家仆流散。曹雪芹逐渐长大，开始挑起家庭重担，为了家族复兴而努力奋斗，一度勤奋读书，访师觅友，多方结交朝中权贵。

公元1747年，曹雪芹33岁，移居北京西郊。此后数年内住过北京西单刑部街，崇文门外的卧佛寺，香山正白旗的四王府和峒峪村，镶黄旗营的北上坡，白家疃。在此期间，曹雪芹住草庵，赏野花，过着觅诗、挥毫、唱和、卖画、买醉、狂歌、忆旧、著书的隐居生活，领略北京市井文化，一面靠卖字画和福彭、敦诚、敦敏、张宜泉等亲友的救济为生。

2.草雪琴。草原雪地的琴声。喻意严酷现实下的成就与声名。曹雪芹的晚年穷困潦倒，生活很贫寒，有感于自己家族和自己人生的兴衰起伏，写下了章回体长篇小说《石头记》（八十回）。

实际上，贾府的原型就是自己家族原来的曹府，曹雪芹亲身感受了家族由兴到衰的全过程，体会最深刻，写出的人物更真实、生动。《红楼梦》是一部具有世界影响力的中国古典小说，中国封建社会的百科全书，传统文化的集大成者。所以后来成为我国的四大名著之一。

◼ 魏源

魏源，是清代启蒙思想家、政治家、文学家。

喻意解读：魏为为、喂；源为源、圆。

1.为圆。为了圆满。喻意是爱国的有志之士。魏源年少时，聪明睿智，成年后中过科举的举人。鸦片战争后，社会矛盾加剧，政治动荡，外国侵略的危机使他更加愤激，进一步激发了爱国热情。公元1832年，魏源来到南京即相中地处城西清凉山下的乌龙潭，在潭边建起一座草堂，从此长年居住此处，专心研究学问，寻找国家的立足、发展之道。其间，他与时任江苏巡抚的林则徐往来甚密。后来终于写完《海国图志》一书。

2. 喂源。吃的源泉。喻意知识强国的理论源泉。《海国图志》一书受到林则徐和一些爱国图强人士的赞同，书中提出了"师夷长技以制夷"的正确口号，认为"善

▲ 魏源像

师四夷者，能制四夷；不善师外夷者，外夷制之"。成为"睁眼看世界"，最有未来眼光的人物。他既坚决反抗侵略，又重视了解和学习西方的科学技术，作为对付侵略的重要方法。

■ 林则徐

林则徐，是清朝末期的政治家、思想家和诗人，民族大英雄，主张严禁鸦片、抵抗西方列强的侵略。虎门销烟的事迹是他人生的一大亮点。

喻意解读：林为林、临；则为则、泽；徐为徐，引申为渐渐地。

1. 林则徐。树林的原则是渐渐地成长。林则徐一生仕途还算顺利，虽然虎门销烟时被朝廷革职查办，但几年后又被启用。晚年时，于公

元1849年因病辞职归家。但在公元1850年清廷又任命他为钦差大臣，去广西进剿作乱的太平军，但赴任途中，暴卒，终年66岁。

2. 临泽徐。泽为水，为财富。喻意是清正廉洁的人。林则徐一生虽说高官厚禄，但很清廉、正直，对自己要求严格。写过"十无益"的修行标准，作为自己的行为准则，也是教育子女的原则。

 拓展阅读

"百姓"的由来

"百姓"这个词现在一般当庶民大众解释。但在殷商时，是指"禅让"时代流传下来的旧族。商王盘庚在迁都时对贵族臣民们训话时曾说，百姓是和我们共掌国事的旧人，他们的祖先曾立有功劳，商王在祭祀先王时，他们的祖先也得以配享。他们如果与商王同心同德，那么人民就会归附顺从，他们如果与商王离心离德，那么人民就像躲避瘟疫一样离开商王。《国语·楚语》中也说："民之彻官百。王公之子弟之质能言能听彻其官者，而物赐之姓，以监其官，是为百姓。"在西周时期又当百官讲，为什么百姓当百官解释呢？因为先秦时期做官的都是贵族，庶民和贱人是没有资格做官的，而也只有贵族才有姓，庶民和贱人是没有姓的，即使到了春秋战国时期，一般平民也还是没有姓。如《左传》中的鉏麑、灵辄，《庄子》中的庖丁、轮扁、匠石等，都是有名无姓。所以，"百姓"这个概念最早可能是指许多的氏族，然后引申为许多的贵族，又引申出百官的意思，最后才扩展为普通大众的意思。这个词的词义演变很有意思，由广（大）到狭（小）再到广（大）。

附 录

古人名、字、号、作品辑录

1. 古人名、字、号辑录

孔子，名丘，字仲尼，号圣人。

孟子，名轲，字子舆，号亚圣。

司马迁，字子长，官太史令。

曹植，字子建，封陈王，谥思，世称陈思王。

陶渊明，一名潜，字元亮，自号五柳先生，世称靖节先生。

贺知章，字季真，号四明狂客。

王维，字摩诘，有"诗佛"之称。

李白，字太白，号青莲居士。有"诗仙"之称。

杜甫，字子美，号少陵野老。有"诗圣"之称。

白居易，字乐天，号香山居士。

韩愈，字退之，谥号文。

杜牧，字牧之，晚年居樊川别墅，因号杜樊川。

李商隐，字义山，号玉溪生。

范仲淹，字希文，谥号文正。

欧阳修，字永叔，号醉翁、六一居士，谥号文忠。

苏洵，字明允，号老泉。

司马光，字君实，谥号文正。

王安石，字介甫，晚号半山。

苏轼，字子瞻，号东坡居士。

李清照，字易安，号易安居士。

陆游，字务观，号放翁。

杨万里，字廷秀，号诚斋。

辛弃疾，字幼安，号稼轩。

姜夔，字尧章，号白石道人。

文天祥，字履善，又字宋瑞，号文山。

关汉卿，号己斋叟。

施耐庵，原名耳，后名子安，字耐庵。

罗贯中，名本，字贯中，号湖海散人。

吴承恩，字汝忠，号射阳山人。

归有光，字西甫，好震川。

汤显祖，字义仍，号若士、清远道人。

徐宏祖，字振之，号霞客。

李渔，字笠鸿，号笠翁。

蒲松龄，字留仙，一字剑臣，号柳泉居士。

曹雪芹，名沾（应加雨字头），字梦阮，号雪芹。

袁枚，字子才，号简斋、随园老人。

2.古人作品命名辑录

（1）以地名命名

《柳河东集》（柳宗元，河东今山西永济人）

《昌黎先生文集》（韩愈，祖籍河北昌黎县）

《孟襄阳集》（孟浩然，湖北襄阳人）
《临川先生文集》（王安石，江西临川人）
《亭林诗文集》（顾炎武，江苏昆山亭林镇人）
《小仓山房文集》（袁枚，辞官后，定居江宁小仓山）

（2）以书室名命名

《聊斋志异》（蒲松龄）
《饮冰室合集》（梁启超）
《惜抱轩诗文集》（姚鼐）
《七录斋集》（张溥）

（3）以谥号命名

《王文公集》（王安石，谥号"文"）
《欧阳文忠公文集》（欧阳修，卒谥"文忠"）
《诚意伯刘文成公集》（刘基，封诚意伯，谥"文成"）
《范文正公集》（范仲淹，谥号"文正"）

（4）以名号命名

《诚斋集》（杨万里，别号诚斋）
《随园诗话》（袁枚，号随园）
《稼轩长短句》（辛弃疾，号稼轩）
《文山先生文集》（文天祥，号文山）
《方望溪全集》（方苞，号望溪）
《樊川文集》（杜牧，号樊川）

（5）以字命名

《李太白全集》（李白，字太白）
《魏叔子文钞》（魏禧，字叔子）

《王子安集》（王勃，字子安）

《笠翁对韵》（李渔，字笠翁）

（6）以官职命名

《王右丞集》（王维，官尚书右丞）

《杜工部集》（杜甫，工部员外郎）

《高常侍集》（高适，曾官散骑常侍）

《宋学士文集》（宋廉，官学士承旨）

《魏郑国公文集》（魏征，被封为郑国公）

（7）以年号命名

《白氏长庆集》（白居易，唐穆宗长庆年间编辑）

《嘉祐集·权书》（苏洵，宋仁宗嘉祐年间编辑）

姓氏分布

宋朝、明朝和当代三个历史时期的姓氏分布反映了三个重要的现象：第一，中国人姓氏在历史上的传递是延续和隐定的。它揭示了在历史的进程中中国人姓氏所表现的血缘文化的痕迹与生命遗传物质，尤其是父系遗传物质的进化具有基本相同的和行的表现。第二，中国人历来有同姓聚居和联宗修谱的习俗，而且婚姻半径很小，婚娶地域相对固定，这样形成了同姓人群的分布。中国人姓氏的分布实际上主要反映了同姓人群的分布规律。中国人的姓氏或同姓人群存在两种状态，大姓和小姓，或称为常见姓氏和非常见姓氏。仅占总姓氏量不足5%的常见100个姓氏已集中了85%以上的人口，而占总姓氏量95%以上的非常见姓氏仅代表不足15%的人口。常见100个姓氏的分布是反映各地区人群的遗传组成的主要因素，它们决定着中国历史上人口迁移的规模和地域人群间的亲缘关系的程度。而非常见姓氏人群更为表现其地域特色和相对高程度隔离的现象。第三，人群的迁移的主要方向反映了中国人遗传基因的流动方向。同时，再一次从群体遗传学角度证实了中国汉族一直存在着遗传上异源的南北两大群体，其1000年来的地域分界线应在武夷山和南岭地带。因此，中国人姓氏和同姓人群的分布规律的研究有可能成为探讨中国人起源，尤其是父系遗传物质进化的一条新的重要途径。

下面是各种姓氏的分布情况：

陈姓是人口列全国第五位的大姓，约占全国汉族人口的4.53%，南方地区多陈姓。在台湾、广东二省，陈姓的约占本省人口的10%以上，为省内第一大姓。

鲍姓是现今常见的姓氏，分布广泛，约占全国汉族人口的0.06%，居第一百七十三位。尤以青海、江苏、山东、湖北、浙江等省多此姓，五省鲍姓约占全国鲍姓人口的70%。

毕姓是为现今常见的姓氏，分布广泛，如北京，天津之武清，河北之尚义、黄骅、阜平，山东之平邑、龙口，山西之太原，湖北之监利，江西之金溪、崇仁，广西之田林，广东之吴川，云南之河口，四川之合江等地均有。毕姓在全国汉族人口中约占0.11%，居第一百二十五位。尤以山东、河南、黑龙江等省多此姓，三省毕姓占全国毕姓人口的70%。

蔡姓为中国人口最多的五十个姓之一，分布广泛，约占全国汉族人口的0.46%，居第四十四位。尤以广东、浙江、江苏、四川等省多此姓，四省蔡姓约占全国汉族蔡姓人口的44%。

曹姓是当今常见的姓氏，分布广泛，约占全国汉族人口的0.57%，居第三十二位，为中国人口最多的五十个大姓之一。尤以四川、河北、河南、湖北等省多此姓。

查姓是当代较为罕见的姓氏，但分布较广，约占全国汉族人口的0.06%，居第一百七十一位。尤以安徽、江苏两省多此姓，约占全国汉族查姓人口的85%。

楚姓是中国人口较常见的姓氏之一，约占全国汉族人口的0.02%，居第二百七十六位。楚姓分布较广，以河南省为最多。

崔姓是我国历史上一个比较典型的北方大姓，分布较广，约占全国汉族人口的0.28%，居第七十四位，为中国的一百个大姓之一。

戴姓为中国人口最多的一百个姓之一，分布较广，约占全国汉族人口的0.39%，居第五十四位。尤以江苏、浙江两省为最多，约占全国戴姓人口的53%。

刁姓是现今常见的姓氏，分布广泛，约占全国汉族人口的0.04%，居第二百零四位。尤以贵州、湖南两省多此姓，两省刁姓约占全国汉族刁姓人口的64%。

丁姓为中国人口最多的五十个姓之一，分布广泛，约占全国汉族人口0.42%，居第四十六位。

东方姓是当今罕见的复姓，人数不多，分布较广，今北京，山西之太原、长治，山东之惠民，台湾之台北等地有此姓。

董姓是当今常见姓氏，分布广泛，约占全国汉族人口的0.61%，居第二十九位，为全国人口最多的五十姓之一。尤以河北、山东、山西、云南、辽宁、浙江等省最为集中。

杜姓是中华民族常见姓氏，分布广泛，尤以黄河沿岸的陕西、河南、山西、河北、甘肃、山东等地集中。其人口约占汉族总数的0.4%，居第五十三位，为中国最大的一百个姓之一。

段姓为我国常见姓氏，是人口最多的一百个大姓之一，约占全国汉族人口的0.23%，居第八十七位。分布广泛，尤以四川、山西、河北、云南等省多此姓，四川段姓约占全国汉族段姓人口的58%。

樊姓是当今常见姓氏，分布较广，约占全国汉族人口的0.17%，居按中国姓氏人口多少排序的第一百零二位。尤以陕西、河南、江西等省多此姓，三省樊姓约占全国汉族樊姓人口的50%。

范姓是中国人口较多的一百个大姓之一，约占全国汉族人口的0.36%，居第六十一位。其分布广泛，特别是河南、四川、辽宁、山东、江苏、黑龙江、湖南等省此姓最为集中，上述七省范姓约占全国汉族范姓人口的62%。

方姓是当今常见姓氏，分布广泛，约占汉族人口的0.36%，居第六十二位，为当今中国一百个大姓之一。历史上的方姓是我国一个比较典型的南方大姓，江苏、浙江、福建、云南等省多此姓。

丰姓是现今为少见的姓氏，人数不多，分布广泛，今天津之武清，河北之尚义、景县，山东之平邑、平度、龙口、昌乐、鱼台，内蒙古之乌海，广西之田林，云南之陇川、河口，四川之合川等地均有此姓。

冯姓是我国常见姓氏，分布广泛，约占汉族人口的0.64%，居第二十七位。尤以广东、河南、河北、江苏、山东、云南等省多此姓。

高姓是当今常见姓氏，分布广泛，约占全国汉族人口的1.21%，为中国人口最多的超过1%的十九个姓之一，居第十五位。尤以江苏、福建、广东、江西、云南等地为多。

公孙是当今罕见的复姓，人口不多，分布较广。顾姓排行顾姓分布广泛，约占全国汉族人口0.25%，居第八十一位，为中国人口最多的一百个姓之一。尤以江苏、浙江等省多此姓。

管姓是现今常见姓氏之一，约占汉族人口总数的0.09%，居第一百四十位。分布较广，但以山东、江苏多见此姓，两省管姓约占全国管姓人口的63%。

郭姓是当今常见的姓氏，分布广泛，约占全国汉族人口的1.15%，为中国人口最多的超过1%的十九个姓氏之一，居第十八位。尤以河南、河北、山东、湖北、四川等省多此姓。

贺姓是当今常见姓氏，为中国人口最多的一百个大姓之一，约占全国汉族人口的 0.18%，居第九十七位。贺姓分布广泛，湖南、山西较为集中，二省贺姓约占全国汉族贺姓人口的 31%。

洪姓是现今常见的姓氏，分布广泛，约占全国汉族人口的 0.16%，排中国姓氏人口的第一零七位，尤以浙江、江苏多此姓，两省洪姓约占全国汉族洪姓人口的 28%。

侯姓是一个古老的姓氏，也是一个多源的姓氏。侯姓分布较广，约占全国汉族人口的 0.25%，居第八十二位，为中国人口最多的一百个大姓之一。尤以湖南、安徽、河南、辽宁等省多此姓，四省侯姓约占全国汉族侯姓人口的 48%。

黄姓分布极为广泛，人口约占全国人口的 2.23%，在中国最多的十个姓中排第八位。黄姓主要集中于长江以南地区，广东省的黄姓人口最多，约占全国汉族黄姓人口的 19%。四川、湖南、广西、江西等省黄姓人口也比较多，以上五省的黄姓人口约占全国汉族黄姓人口的 56%。

姬姓是中国最古老的姓氏之一，也是现今常见的姓氏，约占汉族人口总数的 0.03%，居第二百三十七位。分布地域较广，尤以河南、山东多此姓，二省姬姓约占全国姬姓人口的 59%。

季姓是当今常见的姓氏，分布广泛，约占全国汉族人口的 0.13%，居第一百一十六位。尤以江苏、浙江等省多此姓，两省季姓占全国汉族季姓人口的 59%。

江姓分布极为广泛，约占全国汉族人口的 0.26%，在全国一百个大姓中排第七十九位。其主要分布在广西、江苏、安徽、四川、广州、湖北、福建等省区，这七个省区的江姓人口约占全国汉族江姓人口的 65%。

焦姓是当代较常见的姓氏，分布广泛，约占全国汉族人口的0.10%，居第一百二十八位。尤以江西多此姓，约占全国焦姓人口的26%。

康姓为中国人口最多的一百个姓之一，分布广泛，约占全国汉族人口0.28%，居第七十五位。尤以安徽、四川、陕西、甘肃、山东等多此姓，此五省康姓约占全国汉族康姓人口的63%。

赖姓为中国人口最多的一百个大姓之一，其人口约占全国汉族人口的0.18%，居第九十八位。其分布很广，广东省多此姓，约占全国汉族赖姓人口的54%。

李姓是中国第一大姓，分布广泛，约占全国汉族人口的7.94%。就地区而言，李姓在北方诸省中所占比例较高，一般在8%以上，而在南方诸省中所占比例一般不足8%，尤其在东南沿海诸省中，比例仅在4%左右。

刘姓分布极广，约占全国汉族人口5.38%，为中国人口第四大姓。北方地区的河北、内蒙古、辽宁、京津地区中刘姓比率较高，约占该地区汉族人口的8%以上。

柳姓是当今常见姓氏之一，人口总数约占汉族人口0.10%，位列第一百三十位。柳姓多分布于山东、四川、湖南、湖北等地。

龙姓为我国人口最多的一百个大姓之一，其人数约占全国汉族人口的0.24%，居第八十五位。其分布广泛，湖南、四川、广东、江西等省较为集中，四省龙姓约占全国汉族龙姓人口的67%。

鲁姓是我国较常见的姓氏之一，人口分布较广，约占全国汉族人口0.12%，居第一百一十九位。尤以山东、安徽多此姓，二省鲁姓约占全国汉族人口40%。

梅姓是现今常见的姓氏，分布较广，约占全国汉族人口的0.10%，居第一百三十六位。尤以云南、浙江、江西、安徽、江苏、河南等省多此姓，六省梅姓约占全国汉族梅姓人口的74%。

孟姓是当今常见姓氏，为中国人口最多的一百个姓之一，人数约占全国汉族人口的0.24%，居第八十四位。其分布广泛，山东、河南、辽宁、黑龙江、吉林、河南等省多此姓，其中山东省孟姓的约占全国汉族孟姓人口的26%。

倪姓是现今常见的姓氏，分布较广，约占全国汉族人口的0.14%，居第一百一十一位。尤以江苏、湖北、上海等省市多此姓，三省市倪姓约占全国汉族倪姓人口的60%。

钮姓是现今少见的姓氏，人数不多，分布分散，今北京，天津之武清，河北之尚义，山东之平度，山西之太原，辽宁之清原，内蒙古之乌海，江西之崇江，安徽之蚌埠等地均有此姓。

钱姓是当今常见姓氏，分布广泛，约占全国汉族人口的0.22%，在按人口多少排序的中国姓氏中，居第八十九位。尤以江苏、广东、上海、浙江、安徽等省市为多，五省市钱姓约占全国钱姓人口的65%。

乔姓是当今常见姓氏，为中国人口最多的一百个姓氏之一，约占全国汉族人口0.18%，居第九十六位。其分布较广，河南、山东、江苏、河北四省较为集中，上述四省乔姓约占全国汉族乔姓人口的67%。

钦姓是当今罕见的姓氏，人数不多，居处分散，今辽宁之清原，山东之平度、沾化，山西之太原、运城，陕西之韩城，湖北之武昌，贵州之从江等地有此姓。

庆姓是当今罕见姓氏，分布颇广，今上海之松江、嘉定，福建之浦城，广东之吴川，安徽之淮南，云南之马关，山东之平邑、新泰、东明，河南之驻马店，山西之太原、汾阳，江西之丰城，湖南之湘潭，浙江之义乌，台湾之台北，四川之武胜、泸定，陕西之韩城、西安，北京等地均有此姓。

邱姓为当今常见姓氏，分布广泛，其人数约占全国汉族人口的0.27%，居第七十七位，是中国人口最多的一百个姓之一。尤以四川、湖南、广东、湖北等省多此姓，此四省邱姓约占全国汉族邱姓的50%。

裘姓是现今常见的姓氏，分布广泛，约占全国汉族人口的0.01%，尤以浙江、江苏多此姓，两省裘姓约占全国汉族裘姓人口的61%。

荣姓是现今常见的姓氏，分布广泛，约占全国汉族人口的0.01%，尤以吉林省多此姓，约占全国荣姓人口的33%。

邵姓是现今为常见的姓氏，分布广泛，约占全国汉族人口的0.24%，居第八十三位，为人口最多的一百个大姓之一。尤以江苏、山东、甘肃、安徽、湖北、四川等省多此姓，六省邵姓约占全国邵姓人口的65%。

盛姓是现今为常见的姓氏，分布广泛，约占全国汉族人口的0.07%，居第一百五十九位。尤以湖南、浙江两省多此姓，两省盛姓约占全国盛姓人口的37%。

施姓是当今常见的姓氏，分布广泛，约占全国汉族人口的0.16%，居第一百零五位。尤以江苏、福建、浙江等省多此姓，三省施姓约占全国汉族施姓人口的58%。

舒姓是现今常见的姓氏，分布较广泛，约占全国汉族人口的0.076%，居第一百四十七位。尤以四川湖南、江西、湖北等省多此姓，四省舒姓约占全国汉族舒姓人口的83%。

司马是当今罕见的复姓，人数不多，但分布广泛，今北京，天津之武清，河北之固安，山西之太原，湖北之监利，江西之崇仁，福建之浦城，贵州之普安等地均有此姓。

汤姓是现今常见的姓氏，分布广泛，约占全国汉族人口的0.19%，为中国人口最多的一百个姓氏之一，居第九十位。尤以福建、湖南、江苏、湖北等省多此姓，四省汤姓约占全国汉族汤姓人口的56%。

万姓是中国人口最多的一百个姓之一，约占全国汉族人口的0.24%，居第八十六位，分布广泛。王姓排行王姓是当今中国第二大姓，分布非常广，约占汉族人口的7.41%，人口众多。

文姓在中国人口最多的一百个姓氏中居第一百位，约占全国汉族人口的0.17%。其分布广泛，尤以广东多此姓，约占全国汉族文姓人口的26%；江西、广西、湖南、四川等省区亦多此姓，约占全国汉族文姓人口的53%。

吴姓是现今常见姓氏，约占全国汉族人口总数的2.05%，位居当今中国人口最多的十大姓氏第十位。江南各省吴姓均占省人口总数的2%以上，尤以福建为高，约占该省人口5%，是一个比较典型的江南大姓。

伍姓是现今常见的姓氏，分布较广，约占全国汉族人口的0.11%，居第一百二十一位。尤以湖北、湖南、广东多此姓，三省伍姓约占全国汉族伍姓人口的64%。

武姓是一个比较典型的北方姓氏，分布广泛，约占全国汉族人口的0.18%，居第九十五位，为中国一百个大姓之一。尤以河南、黑龙江省多此姓，约占全国汉族武姓人口的0.37%。

夏候是当今罕见的复姓，今北京，上海，江西之吉安、萍乡、兴国，山西之太原、晋中地区，台湾台中等地均有此姓。

项姓是现今常见的姓氏，分布广泛，约占全国汉族人口的0.06%，居第一百六十三位。尤以湖南、浙江、湖北、贵州等省多此姓，四省项姓约占全国项姓人口的 74%。

严姓为较常见的姓氏之一，约占全国汉族人口 0.14%，居第一百一十二位。严姓分布广泛，尤以湖北、江苏、浙江等省多此姓氏，三省严姓约占全国汉族严姓人口 48%。

晏姓是现今罕见姓氏，但分布颇广，约占全国汉族人口的 0.027%，居第二百四十一位。尤以湖北、四川、江西等省多此姓，三省晏姓占全国汉族晏姓人口的 82%。

杨姓为中国第六大姓氏，约占全国汉族人口的 3.08%，在全国分布极广，尤以长江流域的省份多杨姓。

伊姓是现今少见的姓氏，分布广泛，但人数不多，今北京、上海之松江、天津之武清、山东之平度及东平、山西之太原、云南之河口等地均有分布，尤以河北省多此姓，约占全国汉族伊姓人口的 39%。

殷姓是我国较常见的姓氏之一，人口总数约占汉族人口总数的 0.16%，位居全国姓氏排列第一百零四位。殷姓分布较广，以山东、云南、四川、河北、陕西等省为多。

游姓是现今常见姓氏，分布分散，约占全国汉族人口的 0.06%，居第一百六十六位。尤以贵州、四川、湖北多此姓，三省游姓约占全国汉族游姓的 53%。

詹姓是现今常见的姓氏，分布较广，约占全国汉族人口的 0.073%，居第一百五十二位。尤以湖南、台湾、四川等省多此姓，三省詹姓约占全国汉族詹姓人口的 50%。

张姓是我国分布广泛、人口众多的姓氏之一，约占全国汉族人口总数的 7.07%，中国人口第三大姓。尤以山东、河南、河北、四川四省为最多。

赵姓是分布广泛、较为常见的姓氏之一，约占全国汉族人口总数的 2.29%，为当今中国人口最多的第七大姓。

周姓是当今常见姓氏之一，分布极广，约占全国汉族人口 2.12%，在中国姓氏人口中占第九位。在长江流域的省、市中，周姓所占比例相对其他地区要高。

庄姓是当今常见的姓氏，分布广泛，约占全国汉族人口的 0.093%，居第一百三十八位。尤以广东、江苏、浙江、台湾等省多此姓，四省庄姓约占全国汉族庄姓人口的 60%。

白姓是当今常见的姓氏，分布广泛，约占全国汉族人口的 0.29%，为我国人口最多的一百个大姓之一，居第七十三位。尤以四川、山西、陕西、河南等省多此姓，四省白姓约占全国汉族白姓人口的 65%。

傅姓是当今常见姓氏，全国傅姓人口约占全国汉族人口的 0.51%，居第三十六位，为全国人口最多的五十个姓之一。主要分布在山东、湖南等省。

郝姓是现今常见的姓氏，分布范围广，约占全国汉族人口的 0.30%，为中国人口最多的一百个姓氏之一，居第七十一位。尤以河、山西、河北三省多此姓，三省郝姓约占全国郝姓人口的 59%。

何姓是中华民族姓氏中常见姓氏，分布广泛，约占全国汉族人口的 1.17%，为中国人口最多的超过 1% 的十九个姓之一，居第十七位。以四川、广东、湖南三省多此姓。

胡姓是当今常见姓氏，分布广泛，约占全国汉族人口的 1.31%，为中国人口超过 1% 的十九个大姓之一，居第十三位。四川、湖北、江西、安徽、浙江、山东、湖南多此姓，上述八省胡姓约占全国汉族胡姓人口的 65%。其中四川省约占全国汉族胡姓的 13%。

贾姓为中华民族中重要的一个姓氏，人口约占全国汉族总数的0.42%，居第四十五位，为中国人口最多的五十个姓之一。尤以山西、河北、河南、四川等省多此姓。

蒋姓是中华民族常见姓氏，分布广泛，约占全国汉族人口的0.47%，居第四十三位，为按人口多少排序的中国姓氏最多的五十个姓之一。在我国历史上蒋姓是一个比较典型的南方姓氏，尤以四川、江苏、湖南、浙江等省多此姓。

金姓是现今为常见的姓氏，分布广泛，约占全国汉族人口的0.32%，为中国人口最多的一百个姓氏之一，居第六十九位。尤以河南、浙江、江苏、湖北、四川、上海等省市多此姓，六省市金姓约占全国汉族金姓人口的62%。

梁姓为中国人口最多的五十个姓之一，分布广泛，约占全国汉族人口的0.84%，居第二十一位。尤以广东多此姓，约占省人口的4.7%，全国汉族梁姓人口的35%在广东。

林姓分布广泛，约占全国汉族人口1.18%，为中国人口最多的超过1%的十九个姓之一，居第十六位。尤以福建、广东、台湾三省多此姓，三省林姓约占全国汉族林姓人口的60%。

卢姓是我国历史上一个比较典型的北方大姓，分布广泛，约占全国汉族人口的0.47%，居第四十二位，为中国人口最多的五十个姓之一。

陆姓分布极为广泛，是中国一百个大姓之一，占全国汉族人口的0.31%，在一百个大姓中排第七十位。主要分布在江苏、广西、广东、浙江、上海等地，这五个省、市、区的陆姓人口占全国汉族陆姓人口的65%。

吕姓为中国人口最多的五十个姓之一，分布较广，约占全国汉族人口的 0.47%，居第四十位，尤以山东、河南二省多此姓。

罗姓为中国人口最多的二十个大姓之一，约占全国汉族人口的 0.86%，居第二十位。其主要分布在四川、广东、湖南、江西、贵州、湖北等省，六省罗姓约占全国汉族罗姓的 70%。

马姓是当今常见姓氏，分布广泛，尤以我国西北地区最为集中，其人口约占全国汉族总数的 1.05%，为中国人口最多的超过 1% 的十九个姓之一，居第十九位，同时也是我国回族大姓。

潘姓为中国人口最多的一百个姓之一，分布广泛，约占汉族人口的 0.41%，居第五十二位。尤以广东、江苏、安徽、内蒙古、河南、四川、湖北、浙江等省区多此姓。八省区潘姓约占全国汉族人口的 69%。

彭氏是当今常见的姓氏，分布广泛，约占全国汉族人口 0.49%，居第三十九位，为中国人口最多的五十个大姓之一。尤以湖南、四川、湖北等省多此姓。

秦姓为当今常见姓氏，为中国人口最多的一百个大姓之一，约占全国汉族人口的 0.26%，居第七十八位。秦姓分布广泛，四川、河南、广西、江苏等省较为集中，四省秦姓约占全国汉族秦姓人口的 54%。

任姓是我国最古老的姓氏之一，分布广泛，约占全国汉族人口 0.38%，居第五十九位。尤以河南、山东多此姓，两省任姓约占全国汉族任姓人数的 25%。

沈姓是中华民族重要姓氏之一，人口约占全国汉族总数的 0.50%，居第三十七位，为中国人口最多的五十个大姓之一，历代多以江南为其主要的分布地区。

石姓是我国北方一个比较典型的姓氏，分布较广，约占全国汉族人口的 0.35%，居第六十三位，为中国人口最多的一百个姓之一。

史姓为当今常见姓氏，为我国人口最多的一百个姓之一，人数约占全国汉族人口的0.25%，居第八十位。分布广泛，山西、湖北较为集中。

全景网

壹图网

中华图片库

林静文化摄影部

敬　启

　　本书图片的编选，参阅了一些网站和公共图库。由于联系上的困难，我们与部分入选图片的作者未能取得联系，谨致深深的歉意。敬请图片原作者见到本书后，及时与我们联系，以便我们按国家有关规定支付稿酬并赠送样书。

　　联系邮箱：932389463@qq.com

参考文献

1. 方宝观等．中国人名大辞典．北京：商务印书馆，1998
2. 震华法师．中国佛教人名大辞典．上海：上海辞书出版社，1999
3. 吉常宏．古人名字解诂．北京：语文出版社，2003
4. 陈絜．商周姓氏制度研究．北京：商务印书馆，2007
5. 郑宏峰，张红．中华姓氏．北京：线装书局，2008
6. 邵卫华．图解姓名识人大全．西安：陕西师范大学出版社，2010
7. 周德元．中华姓氏起源与内涵．南宁：广西民族出版社，2010
8. 邵冠文．我们的姓氏从哪里来．济南：齐鲁书社，2010
9. 司马迁（汉）撰，韩兆琦评注．史记．长沙：岳麓书社，2011
10. 华语教学出版社出版社．中国古代名人分类大辞典．北京：华语教学出版社，2011
11. 左丘明（春秋）著，史东梅编著．春秋左传．昆明：云南人民出版社，2011
12. 姬传东．中国姓氏文化．合肥：安徽师范大学出版社，2012
13. 吴波．姓氏中的趣味故事．北京：中国戏剧出版社，2012
14. 明道．人一生要读的古典诗词．北京：中国华侨出版社，2013
15. 王艳军．中华姓氏文化．北京：线装书局，2013
16. 钱文忠．百家姓．南京：江苏文艺出版社，2014

17. 于淼. 世代传承的中国姓氏. 长春：吉林出版集团有限责任公司，2014

18. 彭绍昇（清）撰，张培锋校注. 居士传校注. 北京：中华书局，2014

19. 戴圣（西汉）编，刘小沙译. 礼记. 北京：北京联合出版公司，2015

20. 臧励龢. 中国人名大辞典. 上海：上海书店出版社，2016

中国传统民俗文化丛书

一、古代人物系列（13本）
1. 中国古代乞丐
2. 中国古代道士
3. 中国古代名帝
4. 中国古代名将
5. 中国古代名相
6. 中国古代文人
7. 中国古代高僧
8. 中国古代太监
9. 中国古代侠士
10. 中国古代幕僚
11. 中国古代皇后
12. 中国古代士人
13. 中国古代华侨

二、古代民俗系列（10本）
1. 中国古代民俗
2. 中国古代玩具
3. 中国古代服饰
4. 中国古代丧葬
5. 中国古代节日
6. 中国古代面具
7. 中国古代祭祀
8. 中国古代剪纸
9. 中国古代鞋帽
10. 中国古代生肖文化

三、古代收藏系列（16本）
1. 中国古代金银器
2. 中国古代漆器
3. 中国古代藏书
4. 中国古代石雕
5. 中国古代雕刻
6. 中国古代书法
7. 中国古代木雕
8. 中国古代玉器
9. 中国古代青铜器
10. 中国古代瓷器
11. 中国古代钱币
12. 中国古代酒具
13. 中国古代家具
14. 中国古代陶器
15. 中国古代年画
16. 中国古代砖雕

四、古代建筑系列（12本）
1. 中国古代建筑
2. 中国古代城墙
3. 中国古代陵墓
4. 中国古代砖瓦
5. 中国古代桥梁
6. 中国古塔
7. 中国古镇
8. 中国古代楼阁
9. 中国古都
10. 中国古代长城
11. 中国古代宫殿
12. 中国古代寺庙

五、古代科学技术系列（15本）
1. 中国古代科技
2. 中国古代农业
3. 中国古代水利
4. 中国古代医学
5. 中国古代版画
6. 中国古代养殖
7. 中国古代船舶
8. 中国古代兵器
9. 中国古代纺织与印染
10. 中国古代农具
11. 中国古代园艺
12. 中国古代天文历法
13. 中国古代印刷
14. 中国古代地理
15. 中国古代地方志

六、古代政治经济制度系列（16本）
1. 中国古代经济
2. 中国古代科举

3. 中国古代邮驿
4. 中国古代赋税
5. 中国古代关隘
6. 中国古代交通
7. 中国古代商号
8. 中国古代官制
9. 中国古代航海
10. 中国古代贸易
11. 中国古代军队
12. 中国古代法律
13. 中国古代战争
14. 中国古代衙门
15. 中国古代外交
16. 中国古代盐文化

七、古代文化系列（26本）
1. 中国古代婚姻
2. 中国古代武术
3. 中国古代城市
4. 中国古代教育
5. 中国古代家训
6. 中国古代书院
7. 中国古代典籍
8. 中国古代石窟
9. 中国古代战场
10. 中国古代礼仪
11. 中国古村落
12. 中国古代体育
13. 中国古代姓氏
14. 中国古代文房四宝

15. 中国古代饮食
16. 中国古代娱乐
17. 中国古代兵书
18. 中国古代哲学
19. 中国古代宗祠
20. 中国古代奇案
21. 中国古代旅游
22. 中国古代家风
23. 中国古代地名
24. 中国古代家谱与年谱
25. 中国古代名字与别号
26. 中国古代墓志铭

八、古代艺术系列（12本）
1. 中国古代艺术
2. 中国古代戏曲
3. 中国古代绘画
4. 中国古代音乐
5. 中国古代文学
6. 中国古代乐器
7. 中国古代刺绣
8. 中国古代碑刻
9. 中国古代舞蹈
10. 中国古代篆刻
11. 中国古代杂技
12. 中国古代民间工艺